重组

REORG
HOW TO GET IT RIGHT

麦肯锡变革方法论

［英］斯蒂芬·海德瑞-罗宾逊　　［英］苏珊·海伍德　著
（Stephen Heidari-Robinson）　　（Suzanne Heywood）

崔李李　译

中信出版集团｜北京

图书在版编目（CIP）数据

重组：麦肯锡变革方法论 /（英）斯蒂芬·海德瑞 -
罗宾逊，（英）苏珊·海伍德著；崔李李译 . -- 北京：
中信出版社，2020.10

书名原文：ReOrg: How to Get It Right

ISBN 978-7-5217-1985-7

Ⅰ . ①重… Ⅱ . ①斯… ②苏… ③崔… Ⅲ . ①企业重
组—研究 Ⅳ . ① F271.4

中国版本图书馆 CIP 数据核字（2020）第 106567 号

重组：麦肯锡变革方法论

著　　者：［英］斯蒂芬·海德瑞-罗宾逊　［英］苏珊·海伍德
译　　者：崔李李
出版发行：中信出版集团股份有限公司
　　　　　（北京市朝阳区惠新东街甲 4 号富盛大厦 2 座　邮编　100029）
承 印 者：中国电影出版社印刷厂

开　　本：787mm×1092mm　1/16　　印　　张：12.5　　字　　数：127 千字
版　　次：2020 年 10 月第 1 版　　　　印　　次：2020 年 10 月第 1 次印刷
京权图字：01-2019-4431
书　　号：ISBN 978-7-5217-1985-7
定　　价：68.00 元

谨以此书献给我们的家人

——内金、杰里米、乔尼、莉齐以及彼得。

在我们参与公司重组以及思考如何重组的过程中，

他们给予了莫大的容忍与支持。

目　录

重 组
麦肯锡变革方法论

02 第二部分
重组五步法

引　言

一本实用的重组指南

重组，当你听到这个词的时候你有什么感觉？如果你感到兴奋，那多半说明你从未经历过重组。大多数人都害怕这件事。如果你正在进行重组，那么你可能会同意，没有任何其他的管理实践比重组更消耗时间和注意力，更能引发同事的恐惧与焦虑。如果你是受到影响的雇员之一，那么重组带给你的是关于未来的无限不确定性，令你无暇关注其他，更无心考虑如何成功适应新环境。重组总是会带来负面结果：雇员无暇工作，领导层抵触变革，关键人物离队或者变得消极，因为他们觉得自己受到了不公平对待——如果你花费太长时间来应对这些挑战，其间市场的变化会令先前的重组规划变得无关紧要。重组如此耗费时间且给人带来切肤之痛，所以人总有一种把这件事交给别人而自己退避三舍的冲动。也正因如此，只有 16% 的重组在预定时间内实现了预期结果。[1]

然而，如果你是在一个组织中工作，你就难免涉及重组甚至会成为重组的领导者。成功的重组可以成为公司释放潜在价值的最佳方式之一，尤其在不断变化的商业环境中——这也是如今公司更频繁进行重组的原因。即便你现在尚未参与重组，未来你也很可能会成为重组的领导者或者其中的一部分。作为安永的前首席运营官，约翰·费拉罗（John

Ferraro）自己开展过重组，也见证过很多客户的重组。他告诉我们："如今每个公司都纷扰不断，只有频繁重组才能跟上急剧变化的脚步。只有能够成功重组的公司才能在今日的环境中茁壮成长，成为明日的赢家。"

我们写作这本书的目的恰恰在此——通过一个可行且实际的重组五步法，公司高管们可以更好地领导与实施重组。

我们是谁？本书的依据是什么？

本书依据我们过往的综合经验写成。过去 45 年，我们曾经担任国际管理咨询公司麦肯锡的组织实践领导人，曾经在其他公司担任高管，曾经领导非营利组织，也曾在公共部门担任管理者。其间，我们参与了超过 25 次大大小小的重组，更是为数百次重组提供了咨询建议（其中有些案例就收录在本书之中）。我们力图将过往由我们及麦肯锡同事所实践的重组"艺术"，升华为一种可以被高管复制的"科学"，而这就是本书所描述的重组五步法。

作为麦肯锡的前顾问，正如你所料，我们少不了以分析性研究来夯实本书的结论，特别是 2010 年我们通过《麦肯锡季刊》所做的第一次调查。这项调查收集了 1 800 位五年内有过重组经历的管理者的反馈。这些管理者既有中层管理者也有高层管理者，既有私营企业主也有公共机构人士；他们的公司覆盖北美洲、拉丁美洲、欧洲、中国、印度、亚太和世界其他地区，横跨企业服务、消费、能源、金融服务、医疗保健、高科技、电信、制造业及专业服务等多个领域。超过半数的调查结果事关企业整体重组，其余则是某些特定职能部门或者业务部门的重组。2014 年，在亚伦·德·斯迈特（Aaron De Smet）的带领下，麦肯锡的同人又开展了一次改良版的类似调查，收集了 1 200 位高管的反馈。

引　言

除了我们的研究和经验，我们还采访了数位成功带领公司进行重组的杰出领导者。从贯穿本书的这些采访中，我们将看到重组的挑战所在以及领导者的应对策略。

为何要写作此书？

当我们开始写作此书时，有些人问我们："为什么要做这件事？"答案非常简单。这本书源于挫折，其中有我们作为顾问在协助企业重组时遇到的挫折，更多的是我们从旁观察到的众多公司在重组过程中遇到的形形色色的挫折。一次又一次，我们发现糟糕的重组过程总会导致糟糕的方案设计或执行（有时候两种结果兼而有之）。严重失策的重组会给人带来巨大压力，同时给股东价值造成损失。通常，这些企业会引入像我们这样的顾问来提供协助，但很多时候我们都是中途介入，而损失在此之前已然发生。一个组织在设计详细的重组路线和规划时往往很少寻求外部帮助，但在我们看来，这一阶段恰恰是重组过程中最具挑战性的部分。

事情本不必如此。之前我们一直希望能找到一本简洁的书或者文档，以帮助客户顺利完成重组的全部流程。的确，现在也有很多关于不同组织模型和框架的书，但是我们一直未能找到一本提供简洁、循序渐进重组方法的作品。于是，我们想，不如我们自己写一本。

避免重组中的典型错误

我们在本书中提出的重组五步法，能够使你避免重组中两个最大的错误。大多数的重组始于组织设计图，即新组织结构图上的框线应当是

重 组
麦肯锡变革方法论

什么样子。大多数的重组终结于或自认为终结于新组织结构的公布，但在现实中，重组过程其实在新组织结构规划之前就应当开始，并且应当延续到规划落地之后。因此，相比一般高管的典型做法，重组五步法的起步更早，结束则更晚。

本书给出的是一个现成规划，并将所有的任务按正确的时间排好次序。根据我们的经验，我们坚信你需要一个这样的规划，只有这样，在面对迎面而来的各种噪声时，你才知道何时偏离了主线，以及如何回到主线。有一套正确的工作步骤可以让你避免很多重组中的常见问题。遗漏重要环节的影响往往只有事后才能认清，但那时想要弥补为时已晚。有些实践者提倡渐进式变革，走一步看一步，他们认为这样有助于避开混乱。不要相信这样的方法。

相反，本书呈现的重组五步法会给你一个关于重组的清晰、详细的菜单。它起于组织结构图框线的变动之前，持续至新组织结构落地之后（见图 0-1）。通过本书你会发现，如果要做好重组，有很多注意事项：你必须按正确的顺序做事，才能避免整个流程的拖延（例如，在设置新的岗位或进行岗位职责调整前，你需要设定商业目标，而在为新职能招

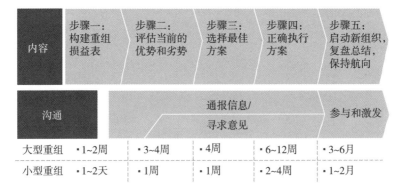

图 0-1 重组五步法

募人员之前，你必须设定好岗位职责）；同样，你必须在重组前期就确定对 IT 系统的必要更改，并且在更改前进行测试，否则，你建立的新组织将失去对盈亏的把控。

本书的作用

典型的重组需要 18 个月，但是因为我们的五步法能有效应用于实践，且避免了步骤错误和返工，因此能够帮助你更快地完成重组。运用我们的方法，多数的重组可以在 9 个月甚至更少的时间内完成——有的甚至可以缩减到 3 个月。与此同时，我们也不会假装认为重组非常简单：我们经历了太多的重组，知道这件事是多么的不容易！但是我们也坚信（我们见识了太多后续需要我们介入修补的失败重组），应对复杂性的方法绝不是舍弃结构化变革，也不能将重组看成是一个走一步看一步的渐进过程。这样做通常会导致灾难。

除了一个现成的规划，本书还为重组的每一步提供了检查清单和模板。附录 D 包含了本书中所有模板的空白版本。你可以复制模板和团队共用，以正确的顺序和最快的速度完成每一步重组任务。我们希望这本书能帮助你认识所有重组路上绕不过去的坑，帮助你和同事取得成功。

我们的方法既适用于小企业，也适用于大公司；既适用于跨部门重组，也适用于单部门整合；既适用于那些有咨询顾问参与的重组，也适用于由公司管理者独立主导的重组——后者可能占大多数。本书尤其适用于公司的管理者。五步法也适用于小型简单的重组。尽管一次极简的重组可能无须耗费数周，而只需要你一个下午的时间，但五步法对于保持业务的正轨仍是必要的。

重 组
麦肯锡变革方法论

各章节设置

本书的开始部分将介绍我们在重组研究中的发现。这一发现是五步法成形的背景，也解释了为何五步法卓有成效。基于经验和数据结论，我们和麦肯锡的同事开发了五步法。

第二章讨论的是交流沟通。重组之中，高管之间的交流（和不交流）是最大的问题源头。尽管在五步法的每一步中都有关于交流和如何交流的内容，但由于交流贯穿重组始终，所以有必要在一开始一次性强调这一问题。你将了解到，随着时间的推移，交流的方式也需要随之变化，而且通常需要一位主管专门负责利益相关者的交流沟通。

在两个介绍章节之后，我们将按章讨论五步法的每一步骤。在每一章中，我们除了使用故事和案例来介绍重组的每一步，还会讨论管理者经常遇到的典型陷阱、解决陷阱的制胜之道，以及如何进行沟通等问题。每一章的末尾会有一个内容回顾，其中的小贴士可以为你提供参考。

本书中案例的来源

重组需要交互和接触，因此本书的大部分内容是由故事而非分析组成。我们以约翰、艾米莉亚以及他们所在的全球能源公司的重组故事作为本书的核心。在每一章，我们首先会谈到他俩在重组中遇到的各种陷阱，而在结尾时，我们会结合本书所述的五步法，给出一个避免落入陷阱的新故事版本。这些核心故事来自真实案例（并根据前期挑战和后续解决方案提炼为一个故事的两个不同版本），但是为了保护无辜者（和责任者），我们使用了化名，并修改了所在行业名称。

除了核心故事，我们还会使用大量的匿名案例来阐释重组的制胜之道。这些案例来自我过去 15 年的亲身经历，其中最新的案例来自 2015 年。最初我们的确考虑过写出公司的名字，因为我们想和读者分享重组的真实进程。这类信息从未公开过：公司只会公布重组的结果（例如"我们将 7 个大区缩减为 3 个"），但从来不会告诉我们它们是如何实现这一结果的，也不会告诉我们在这一过程中遇到过什么问题。出于这一原因，为了体现真实性，我们充分利用了自己的个人经验以及与这些案例的联系。不过，考虑到我们所披露细节的详细程度，相关方最终要求我们隐去其公司名称，当然这也情有可原。

作为本书的读者，你可能正在考虑以重组来适应急剧变化的环境。你也可能正在进行重组，试图将你的组织带回正轨。或者你意识到重组是你职业生涯中迟早会遇到的事情。本书的阅读对象包括正在推进公司重组的首席执行官、领导重组或受其影响的高管，以及重组团队的项目经理及成员。因此，你会看到我们的核心案例会有意从首席执行官或高管（约翰）以及项目经理（艾米莉亚）的视角来讲述发生的故事。

本书的承诺

我们无法让重组变成一件趣事。高管的权力和大家的饭碗会受到重组的影响。（如果说重组对任何人都没有影响，那可能说明重组毫无意义。）

因此，重组中将永远存在艰难的对话。不过，我们会提供一项行之有效的谈判指南，以确保最终成果的价值，同时加速重组进程。当然，重要的是，我们希望最大限度地减少相关人员的焦虑，使他们得到公平的对待。

重 组
麦肯锡变革方法论

终于找到我想要的书了!

01

重组为何这么难

第一章

数据：什么有用，什么无用？

正如读者所料，作为麦肯锡的前管理咨询顾问，我们所有的建议都会以坚实的数据作为支撑。本章引用了 2010 年我们在《麦肯锡季刊》发表的一项调查。2014 年，我们的同事重复了这项调查，并做了一些改进。[2] 2010 年的调查收集了 1 800 位五年内有过重组经历的管理人员的反馈。这些管理人员中既有中层管理者也有高层管理者，既有来自私营企业的人士也有来自公共机构的人士；他们的公司覆盖北美洲、拉丁美洲、欧洲、中国、印度、亚太和世界其他地区，涵盖企业服务、消费、能源、金融服务、医疗保健、高科技、电信、制造业及专业服务等多个领域。超过半数的调查结果事关企业整体重组，其余则是某些特定职能部门或者业务部门的重组。2014 年的调查同样收集了类似的 1 200 件反馈。调查的具体结果将在下文中呈现。

坚实商业根据的重要性

我们认为，你应该为重组设置详细的商业目标并衡量这些目标。但事实是，很少有人这样做。我们的调查显示，只有大约 15% 的高管为重组设定了详细的业务目标（例如具体的损益目标），只有 37% 的高

第一章
数据：什么有用，什么无用？

管为重组设定了宽泛的商业目标（例如希望增加收入或降低成本）。关于未来的组织应当变成什么样以及何时实现目标，几乎近半高管只设置了定性目标。尽管我们曾试图将目标置于现有数据之上（例如，对于上市企业，股价是否上涨），然而在分析重组成功与否时，我们有时不得不更依赖对重组的定性评估。

根据我们的数据，70% 的重组会带来价值。但是，只有 16% 的重组在预定时间内达到了预定结果（即完全成功），这意味着超过 80% 的重组未能实现其全部目标。近一半的高管表示，他们在重组目标全面实现之前就已经宣布了重组的成功。此外，在 9% 的案例中，从长远来看，重组实际上损害了组织。

停下来思考一下这个问题。想象一下，当你得知近 20% 的产品发布、资本项目或公共部门政策未能实现其全部目标，近 10% 造成了业务的实际伤害，而中间的大部分只带来有限或不确定的价值时，你会有什么感觉？你肯定会认为存在很大的改进空间。稍后我们会介绍重组结果如此糟糕的原因。但就目前而言，最重要的是要认识到，大多数重组都是失败的（要么是相对失败，要么是彻底失败）。所以，如果我们在本书中提倡的方法与你的体验大相径庭，也不要感到惊讶。

有趣的是，重组的整体结果并未因为业务、产业以及地理差异而显示出变化。例如，私人和政府组织的重组结果几乎一样（每个类别的成败只有几个百分点的差别）。按部门来看，能源和制造业重组完全成功的数量最多，但即便如此，也只有 22% 的重组在预定时间内达到了预期结果。当然，这些数据没有告诉我们原因，我们的猜测是，资本密集型行业所需的项目管理技能有助于重组。消费品部门的重组最不成功，其完全成功率只有 14%。从地理位置角度我们发现了稍微多一点的差异：拉丁美洲的重组完全成功率为 30%，往下依次是北美（19%）、欧洲（11%）、亚太（9%）。所以，一般来说，只有大约 10%~30% 的重组取得了完全成功，70%~90% 的重组则存在某些不足。当然，并不是所有企业都要学习成功的案例然后提高重组成功率。一个简单的方法是减少没有充足理由的重组数量。这就需要我们了解，领导者到底为何要发起重组。

重组：好理由，坏理由

我们知道，当你阅读本书时，你可能已经决定开始一项重组，因此，当你得知你的重组可能出于错误的理由时，你会很不开心。但即便如此，你总可以找到办法来明确你重组的商业目标。这就是我们五步法第一步中所说的，建立一个重组损益表（详见第三章）。

有一句格言说得好：正是组织的精心设计给了你今日的商业成果。如果你想改进商业成果，你就可能需要改变组织的某些方面，包括结构（如何组织人力资源实现特定的目标）、流程（如何实现目标）或者人员本身（针对不同目标对人力资源进行部署，培养人才，引入新人才。如果出现低效问题，削减活动数量甚至削减人）。或许这三方面都是你需要的。但是在这句浅显易懂的格言背后有一个更深刻的真理：如果你还不清楚你想改变的是什么，你就不知道如何对组织进行变革。在没有想清楚之前，你最好不要行动。

一个领导者推行重组的理由对其结果有重大影响。当然，公司重组的理由会随着时间的推移而改变：在经济下行周期，我们会看到更多削减成本的重组，而在经济上行周期，重组更多是由增长驱动。麦肯锡在 2010 年的调查为我们提供了一个重组动因的有代表性的细分：促进增长（27%），削减成本（12%），转向最佳实践模式（12%），给

第一章
数据：什么有用，什么无用？

一个过于静态的组织带来变革（10%），降低复杂性（8%），实现新领导人的改变欲望（7%），应对危机（6%），收购后的整合（6%），促成合并（6%），以及其他（6%）。[3] 其中排名第一的是"促进增长"，其挑战在于维系活力。就像特斯拉和 SpaceX（美国太空探索技术公司）的首席执行官埃隆·马斯克告诉我们的："最初，增长能够促进专业化发展，提高个人生产效率。但在大约有 1 000 名员工之后，如果你还在增加很多机构却没有考虑信息在内部的有效传递，那么，在整体生产效率上升的同时，个人的生产效率会下降。"

尽管如此，调查仍显示出，聚焦于增长和降低复杂性的重组最容易在计划的时间框架内取得成功，[4] 而为了满足领导人欲望、增进企业活力以及出于合并需要进行的重组最难以取得预期效果。由领导者改革欲望所驱动的重组最有可能带来负面影响（21%），之后是为了降低成本的重组（18%）以及合并重组（13%）。这证明重组要想取得成功，需要的是一个清晰的理念，而非某个领导者重塑世界的欲望，也不是来自某种事情必须改变的假想。此外，削减成本式重组和合并收购式重组尤其棘手。正因如此，我们在附录中有这两方面重组的详细内容。

和其他类型的重组相比，意在转向最佳实践模型的重组负面影响有限，但它能带来的好处同样有限。《财富》杂志发现，它评选出的那些最受尊敬的企业在组织设计方面几无共性。[5] 所以，当有人和你说，你下一件大事就是要重组，你需要按照某些流行说法尽快开展重组而且可以一劳永逸，那你就要小心了。有一个很酷的概念自然容易得到人们的关注，但是证据显示，这并不能带来任何益处。相反，你的重组必须适合公司的战略、文化和能力。

实施和设计同样重要

麦肯锡 2014 年调查所得到的反馈表明，重组能否取得成功，更大维度上取决于它的实施方式。调查还显示，大多数重组失败的原因是在细节设计和具体实施阶段脱离了正轨，而非最初的理念设计阶段。高管们在概念设计完成之后就宣称重组已经成功（概念设计常常只关注结构图的框线），但当进入职责分配及价值实现这一更具挑战性的阶段，他们却开始偃旗息鼓，然而后者才是整件事情的关键。为了避免过早宣布胜利，我们的五步法涵盖了重组的每个阶段。和多数重组不同，我们的方法不会止步于结构图的绘制。

考虑到这一点，高管们很难估计重组所需的时间也就不足为奇了。只有 37% 的高管表示重组符合他们设定的时间表，43% 低估了最终完成重组所需的时间，只有 20% 高估了所需的时间。在提出概念之后，建立一个新组织所需的平均时间为 12 个月，但是 25% 的重组花费了 18 个月甚至更长时间，有一些甚至持续数年，我们知道有一个重组持续了 12 年！一位在大型组织领导重组团队的高管告诉我们："本来一年前就该交付的事儿一直拖到现在。这严重分散了我们的专注力，本来应该推进的时候，我们却要花大量时间来照顾大家的心情。"

和北美以及中国、印度等发展中市场相比，欧洲实施重组所需的时间格外长，主要不是因为欧洲的监管更为严格，而是因为他们没有正确地遵循相关规则。因此，我们在附录 C 会介绍欧盟关于重组的规定以及如何有效地实施重组（跨国公司的一个大问题）。出于某种原因，拉美国家的重组所需时间更长（我们希望拉丁美洲的读者能告诉我们原因何在）。

长时间重组的挑战在于，这会导致问题被搁置，扰乱人心并对业务产生负面影响，原本排在第一位的业务改进无法如期实现。数据显示，加速进行的重组往往更容易成功。这和普遍接受的观点形成了鲜明对比，因为传统上大家认为，为了避免惹怒大家，重组应该慢慢来。但你停下来想想，数据是有道理的。如果只有重组才能带来结果，如果重组过程会带来员工分心和情绪波动，如果重组的结果是业绩受挫，那么你很容易就会明白，重组越快越好。按照本书的重组五步法，多数重组可以在 9 个月甚至更短时间内完成。不涉及整个企业的小型重组甚至可以在 3 个月内完成。在公司需要应对快速变化的商业环境的今日，加速重组正变得越来越重要。

前事不忘，后事之师

事实上，重组存在诸多共性问题。但是很少有领导者会在启动重组前，先深入地思考这一问题。你自己的组织或许有很多细节性的重组经验——成功的、失败的以及正在进行之中的。但是这些信息通常存在于集体记忆而非公司数据库之中。因此，在开始重组之前，先审视一下：是什么导致了你公司的成功或失败？影响你部门重组的典型因素还有哪些？我们的研究发现，有些问题会重复出现。按照发生的频率，重组存在如下几个风险：

1. 员工抵制变化。
2. 没有投入足够的资源（人、时间和金钱）。
3. 员工无法聚焦于日常工作，个人生产率下降。
4. 领导人抵制变化。
5. 组织结构图改变，但是人们工作的方式没发生变化。

重 组
麦肯锡变革方法论

6. 员工因为重组离职。

7. 计划外事件扰乱了重组的实施（发生不可预见的需求变化，比
　　如改变 IT 系统或者用多种语言交流变化）。

　　无论哪个业务部门或区域，这样的风险都相当普遍。但也有一些
有趣的例外。在几乎所有的业务部门，最严重的问题是员工对变化的
抵制。而在能源和金融领域，最大的问题是没有投入足够的资源。所
以，如果你是其中某行业的一员，务必确认你已经对所需资源规模做
出了准确的评估。制造业中最常见的问题是重组会分散员工的注意力，
降低工作效率，所花费的时间很容易超出 12 个月，超过其他行业，而
且更容易导致个体生产率的下降。在拉丁美洲和印度，重组最大的问
题是领导人抵制变革（这使得这两个地区各有 42% 和 33% 的重组出现
严重问题），而其他地区最大的问题是员工的抵制。

　　重组往往会令雇员苦不堪言，因此他们反对也不奇怪。但令人感
到惊讶的是，领导者的抵制也是重组的一个重大障碍。但这个问题稍
微想一下便可明白。今日的组织模式恰恰是当前领导者能够取得成功
的所在。改变了组织结构，也就破坏了他们成功的秘诀，甚至导致他
们大权旁落，变成孤家寡人。

　　但是重组对士气的影响并不是无限度的。大约一半的受访者告诉
我们，重组会在短期内伤害士气，但是 6 个月之后，这一数字会下跌
至 30%。因此，最好的方法就是尽快地而且尽可能公平地完成重组，
这不但是为了你，也是为了你的雇员。拖延只会导致更多的痛苦，引
发更长时间的抵制，导致员工纷纷跳槽。我们知道很多人赞成长期渐
进式的重组（通常是那些希望自己离任之后再推行重组的领导者），但
放慢重组无异于延长刑罚的时间。对于重组而言，好的规划和速度都

至关重要。我们在这里再次重申加速重组的重要性。

在 7 种最为常见的重组挑战中，有一些是可以完全解决的：你可以投入足够的资源，你可以改变组织结构的同时兼顾到人员安排和流程设计，你可以更好地理解需要计划的行动（例如阅读本书）。但是有一些问题，你只能改善却永远无法消除，比如与领导及雇员的分歧可以通过沟通减少，但不可能彻底消除。即便非常成功的重组（在预定时间内实现预期目标）也要接受这些挑战，只不过它们的问题会少10% 左右。很多领导者坚信他们的重组可以避开两大常见陷阱：（1）他们的秘密计划不会泄露；（2）没有人对重组不满。如果你的重组真能实现这两点，那将是世间头一遭！这些虽非完全不可能实现，但目前请别抱太大希望。

你在乎的才是大事

调查显示，重组公司或组织的高层领导每周会拿出近一天的时间研究重组。在四分之一的案例中，领导者将 25% 以上的时间投入重组中。印度的领导者花在重组上的时间最多。如果最高层介入重组，他们花在重组上的时间会远超那些基层领导者。有趣的是，重组成功率最高的能源行业，也是领导者对重组投入时间最多的行业。

当然，时间并非唯一重要的因素，领导人也需要相向而行。麦肯锡 2014 年的调查显示，有受访者认为他们的领导者没有尽力或者根本没有与重组目标保持一致，而这类重组的成功率仅有 1%。相反，那些领导者全力以赴的公司，其重组成功率为 49%。

我们的受访者都乐于强调，高管对于重组的投入和推动至关重要。南希·麦金斯特里（Nancy McKinstry）曾以博斯公司（Booz）管理咨

重 组
麦肯锡变革方法论

询顾问的身份经历过数次重组，后来又担任全球信息服务企业威科集团（Wolters Kluwer）的首席执行官。关于高管的角色，她强调说：

> 多数重组都很混乱，免不了出现鸡飞蛋打的局面。很多人没有认识到这是一项非常耗费精力的事。你必须知道，有多少付出，就有多少回报。在最近一次重组的前三个月，我三分之一的时间都花在了这方面，之后仍需要投入相当的时间。领导人需要对重组积极投入，否则它很可能会失败。因此，不要在发布史上最重要产品的时候去启动重组！在我的职业生涯中，我以首席执行官的身份经历了大概四次重组，作为一个咨询顾问见证的重组则更多。这意味着公司会有将重组外包给顾问的倾向。你需要顾问来帮你做重组流程规划，尤其是在最开始的时候。但要想保证重组成功，你必须投入自己的时间——包括业务部门和人力资源部门的所有人。这样做的结果会截然不同。

英国邮政局的人力资源总监尼尔·海沃德（Neil Hayward）谈及进行大型重组时也有类似观点：

> 如果你觉得还有比重组你的组织更重要的事，那我会觉得你不可理喻。不能把它交给别人来做，你必须投入大量的时间——你自己的以及你团队的时间。我们在重组时，每两周就会召集高管就如何重组展开讨论。

所以，总结起来是什么？为你的重组找到一个优秀的商业理论依据；和关注重组设计一样关注重组（甚至投入更多）的执行；要认识到重组过程中会有很多问题；从你自己的切身经历以及其他人的教训中吸取经验；加速重组进程，将同事的负面情绪最小化，同时尽量实现你想要的结果；最后，开始行动。不要把重组外包给别人。为了帮助你做好准备，下一章将讨论重组中与同事及外部利益相关者交流合作的一系列典型问题。

第二章

与利益相关者交流：有效沟通

在讨论重组五步法之前，我们先来聊聊重组中的沟通问题。因为沟通容易出问题，因此，有必要在任何事关重组的信息发布之前就开始思考相关方面的问题。从整体角度考虑沟通问题非常有意义：通常来说，重组中会设置一位传播主管来负责此事，还需要有一个统一的方案，负责在整个重组中穿针引线。在这一章中，我们会讨论整个重组过程中沟通的各个元素：与雇员的交流；与工会、客户、供应商、监管者以及董事会等其他利益相关者的沟通；筹建重组团队以应对挑战。后续的章节将解释在重组的每一步沟通的内容及方法。

与雇员沟通

重组领导者在和雇员沟通时，往往会掉进两个大坑。我们把第一个坑叫作观望，第二个叫作象牙塔理想主义。在重组过程中，你可能遇到其中之一，也可能都碰上。

第一个坑是观望。掉入此坑的重组领导者会认为，在事情有答案之前，一切关于重组的内容都需要保密。领导者会让重组团队和领导层坚决保守秘密，然而最后却吃惊地发现，风声早已走漏（事情总是如此）。当重组团队启动与组织内成员的沟通之时，就是谣言从饮水

第二章
与利益相关者交流：有效沟通

机边传开之时："他们问我的团队负责什么""我还填了一张活动分析表""我听说要开掉 20% 的人。"人人都以为重组的真正原因是为了裁员（甭管真相是否如此）。这时候苦于控制局面的领导者会让重组团队想出一个可以向大众交代的"答案"。没有这个"答案"，领导者会觉得一切沟通都会让他陷入被动。在多数情况下，执行者会搞一些关于重组的问答会，但全方位的沟通尚需时日。最后领导者终于得到了答案：他让重组团队制作一张大体的组织结构图（后面我们会明白为何这没有效果），之后宣布新组织的建立：这些是新领导，这些是新机构，砍掉部分职位是必需的，这能帮我们取得美妙的成果。然而，雇员在听到这些时心里却只有一个念头：老板的老板的老板又要换了，而我们中的某些人会丢饭碗。领导的表述根本无法消除那些在饮水机边形成的看法。

象牙塔的理想主义也没有好到哪里去。在掉入这一坑的重组领导者眼里，他终于要实现一个长期的目标：旧组织的所有问题都会得到彻底修复；过去所有领导想做但没能做成的事，马上就会在自己手中实现。领导者完全不能遏制激动情绪。在重组美好未来的激发之下，领导者决定将重组的消息广而告之，宣称重组会带来无与伦比的商业机会。领导者会在主要工厂和办公室走访，跟踪重组的实施，讨论未来机遇以及今日面临的挑战。领导者还会在公司内网开个博客。但不幸的是，出于本性，根本没有人相信他们听到的，他们仍相信重组就是为了裁员。领导者对变革的热情令他们反感，因为这让人感觉太无情。在饮水机边，领导者开始成为被嘲笑的对象。原本一个充满人格魅力的老板，如今却深陷冷嘲热讽之中。在员工知道重组的最终结果之前——他们到底能不能保住工作，以及具体干什么——他们绝不会憧憬所谓的美好未来。

重 组
麦肯锡变革方法论

那么，如何应对这一挑战呢？首先，你需要经常性地与人沟通，而且沟通的次数要远超你自认为的合理水平。森特理克（Centrica）集团的首席执行官、英国石油公司下游业务部前首席执行官伊恩·康恩（Iain Conn）曾领导过三次大规模重组，他强调了持续沟通的重要性：

> 你需要尊重和重视别人；要保持透明，告诉他们将发生什么、何时发生；你需要持续与人交流。最大的错误是认为沟通可以一劳永逸。即便是人们已经听说过的事情，你也要持续传播，以此来强化信息，确保信息的传递。永远不要忘记，你不但应该和那些可能被裁掉的员工保持交流，也需要同大多数其他员工保持沟通，只有这样，重组才能成功。

其次，你必须清楚你的员工到底需要从你这里听到什么。在上面的两个例子中，重组的领导者都聚焦于他想要传递给雇员的信息。所有的沟通都是单向的。但如果你关注雇员的需求，就会发现一堆不同的问题：为什么要重组？接下来会发生什么，在什么时间发生？重组对我、我的工作以及我的工作环境会有何影响？你想让我做些其他什么事？一项研究曾指出，对工作充满焦虑的雇员，其身体及精神健康状况远逊于那些无失业之忧者，其中近乎一半人都有不同程度的抑郁。[6]

一开始，你不可能解答雇员的全部疑问，但是你可以通过告诉他们你所掌握的情况、之后会发生什么以及何时发生等，最大限度地缓解他们的焦虑。如果你知道为何要重组，对于重组有一个整体的规划，那么你的任务会大大简化（参见第三章）。从本质上说，沟通不应当是在重组之初的简单告知，而应该是在雇员知道新工作方向时给予鼓舞。领导者喜欢在重组概念设计完成后就大加宣扬，但真正的沟通往往是

第二章
与利益相关者交流：有效沟通

在此之后。员工只有在知道是否保住了工作以及新工作的具体内容之后，才会关心那些高管津津乐道的神奇战略和指标。

员工需要经常听到他们的领导谈论重组，包括线上会议和会堂大厅等各种场合，这一点非常重要。你需要一以贯之地宣传重组的核心理念（例如从印刷业务转向数字业务，明确地方管理者的损益责任）以及实现这一核心理念的 3~5 项重大变革。举例而言，埃隆·马斯克就告诉我们："特斯拉、SolarCity（太阳城公司）和 SpaceX 的员工会觉得自己是在做有意义的事情——如果我们能够将可持续能源的发展速度加快 10 年，我们就能减少 10 年的碳排放量。"在谈到沟通时，马斯克说："当公司超过 1 000 人之后，信息传递就必须一传十、十传百、百传千，这时候你就会发现通路出现堵塞……经常有信息的中断或者传播的延迟……因此，我主张采用最短路径的沟通方式，而不是指挥通信的链条式传播。"

所以，除了常规的召开答疑吹风会以及通过各级经理逐级传递信息，你还应当鼓励直接沟通。在重组的任何一个节点，尤其是在新组织架构呼之欲出之时，一旦有人产生疑问，他或她都应明确知道这时候该联系重组团队或者业务领域中的哪一位。最后，你应当拥有一套能够对沟通进行追踪的系统，以保证传播的顺利实现，掌握员工的私下意见。在重组期间，你可以给出一个机密的邮箱地址或进行定期的网络调查，或者利用数据来跟踪沟通效果，哪怕只是简单的跟踪某人是否收到或阅读了相关邮件。我们有一个重组案例，其中人人都觉得首席执政官的邮件已经发给全员了，但三个月后，他们发现这些邮件只发到了高管的邮箱，然后就没有下文了。无论何时，只要是涉及沟通传播，请记住里根的名言：相信，但要验证！

一些公司不仅仅会进行简单的沟通，在重组的初期阶段，它们就让跨部门的成员深入重组的实际设计中。例如，在英国最大水务企业、业务覆盖伦敦及英格兰东南大部的泰晤士水务公司，废水处理部门主任劳伦斯·戈斯登就组建了一个 60 人的跨部门团队（含一线员工）来参与组织的设计：

> 我们把他们聚集在一起，让他们阅读大量关于外部挑战的资料，并给予一些关键的促动，为的是拓展他们的思维，让他们思考如何应对未来的挑战。之后我们会让整个团队提出愿景，勾勒出新组织必须做的事情，例如降低成本。团队得出了一个以客户服务为核心的简单愿景。然后我们带着这个愿景和材料，给我们的 4 000 名员工进行路演，通过这种方式，他们也能够进一步发掘这件事的意义所在。尽管部分裁员在所难免，但这件事让他们对愿景及重组有了超乎寻常的归属感。

在重组初期就做到这种程度的开放是有风险的，而且这也并不适合所有重组。不过，你最晚也要在设计新组织细节的时候同全公司员工进行深入接触，以便运用他们的专长来保证一切正常运行。你不可能只是和一小队精英闭门造车。而且，当新组织架构发布之后，决定这一架构最终是否有价值的也是雇员：他们会按照你设计的新方式工作，还是只换了个不同的上级（或者不同的上级的上级的上级），其他一切如旧？

和其他利益相关者沟通

尽管重组掌舵人通常行事迟缓，并且严重低估沟通的必要性，多

第二章
与利益相关者交流：有效沟通

数人仍然会制订出一个雇员沟通计划，但很少有人会仔细考虑其他的利益相关者。在每一章末尾涉及沟通的部分，我们仍会将重点放在与员工的沟通上，将其作为沟通的核心。不过，依据具体商业情境的不同，你的重组沟通还需要关注以下四类人群。

第一个群体是工会和员工委员会。按照欧盟的法律要求，你需要尽早和员工代表进行沟通（参见附录C），否则重组可能流产，而那些更需要存钱的欧盟以外的员工的生活，也会因此变得更加艰难。在亚洲，工会也可能非常重要：它们可能与政府、政党以及其他权力集团有关联。令人惊讶的是，工会经常会对具体的变革发布明晰观点，而且有时候比管理层还要苛刻（例如，"我们为什么不把管理中层清理掉？"）。当然，他们关注的核心通常会落在那些没加入工会的雇员身上。我们之前总是强调要与工会对话，这不仅是为了满足法律的要求，也是为了听取他们的想法。在某些情况下，我们甚至还会请工会代表加入重组团队。

第二个群体是你的客户和供应商。重组的危险在于它可能会导致自我沉溺。如果你的业务是客户驱动型或者严重依赖供应链，那你必须确保新组织能够比旧组织更为有效地运转。规划好消费者体验的详细步骤或者包括供应商在内的商业全价值链，能够有效确保新组织的互动更加顺畅高效。（也有观点认为，要和关注组织结构一样关注组织的流程，甚至更加重视后者。）一个好办法是同值得信赖或有代表性的客户及供应商进行交流，了解需要变革的事项，将其作为重组的事项之一。如果你有很多企业型客户，那就需要对销售人员进行简单的培训，以防客户听到消息并问起相关情况。如果你的销售人员和企业客户是朋友（你也的确希望如此），那我们显然很难保证重组信息不会被外泄。

重 组
麦肯锡变革方法论

第三个群体是监管机构和政府的其他部门。这类人通常非常厌恶风险，他们想知道重组是否会影响到质量、健康、安全以及他们关注的其他问题。向高级别的监管者及其他政府人员通报相关情况，让他们知道你未来的动向、具体行事的时间及其意义所在，是让他们放心的第一步。类似于同客户及供应商打交道，你需要保证在新组织当中建立一条和这一群体进行简单高效沟通的渠道。要尽全力避免以下的真实故事发生在你身上。一家国际公司的某亚洲分支负责人在重组启动后不久会见了一位政府高级官员。和之前一样，这位官员照例向他询问该公司在该国的最新进展。但这位经理人却回答说："对不起，这已经不再是我的职责了，你需要问一下我们在美国的新运营团队。"请记住，和客户一样，监管者和政府官员同样不愿意操心你们内部组织的混乱。所以，多从他们的角度想想。

第四个群体是董事会。如果重组事关全公司，而且可能对公司业绩产生重大影响，那就会涉及董事会的利益。不打破鸡蛋就做不了煎蛋卷，重组也会带来短期阵痛。因此，至关重要的一件事就是让董事会明白你在干什么、为何要这么做、时间框架、相关风险以及会带来的好处等等。最起码，首席执政官或者其他负责的领导应当在本书所列的每一步结束之前，向董事会成员单独或集体汇报重组的进程。你也可能需要就重组的具体方案与他们沟通，或者就最起码的原则或者可容忍的行动范围等进行交流。英国石油公司的前首席执行官约翰·布朗勋爵（Lord John Browne）曾是高盛董事会成员，也曾担任英国的公职，他对高管的建议是："董事会必须参与重组设计。你应该告诉他们，道路或许是曲折的，但是他们不应该过分关注进程中的障碍。董事会需要了解你对重组的设计以及你对结果的预测。你需要设置简单的重组节点，并且定期汇报是否仍处于重组的正轨。"

筹建重组团队

现在让我们考虑一下重组实践者会遇到哪些类型的挑战。我们有25年参与重组的经验，经历了很多有趣的事情。一位客户曾经想要揍我们中的一个，另一位客户则因为意见不合，把我们的电脑屏幕砸成两半。我们目睹过客户和同事瞬间飙泪，而经理们的愤怒也曾经让会议无法进行。某公司的一位董事曾经威胁我们中的一个，说要把他扔进河里，而某位经过精挑细选的领导竟然在获得任命后马上选择了跳槽。某位经理曾经拿枪指着我们的一位前同事说："你别想弄走我的人，一个也不行！"还有一次，本地工会把咨询团队的照片贴到总部外面的广告牌上，上面写道："这些就是负责解雇你们的人。"事情从来就不容易（我们当然希望你这辈子不要遇上这些极端情况）。

你的重组团队可能包括一位项目经理、一位人力资源代表、一位财务人员、一位沟通专员、受影响单位的代表以及一位工会官员。这个团队需要能够应付各种困难情况。在开始时选中合适的人（强健，善于分析，公正，脚踏实地，拥有个人魅力）是重组取得成功的关键。获得高层的支持也有利于突破各种妨碍。此外，随着重组的设计走向细节化，你也可能需要业务板块或功能板块的设计团队。最后，成员需要对重组的必要过程有充分理解，如此他们才能披荆斩棘，不偏离正轨。有了对数据的充分理解（哪些有用哪些无用），掌握了员工及其他利益相关者的诉求，精心组建了对路的重组团队，现在你可以进入重组的第一步了。

02

第二部分
重组五步法

第三章

步骤一：构建重组损益表

"哈，财富在这里……"

首先做一个测试。考虑一下你当前的重组计划，或者你曾经参与过的重组，你会如何回答如下几个问题？

对于重组应带来哪些价值，你是否有精确规划？

0. 没有做过规划；只是简单将重组理解为一件有意义的事。

1. 对价值来源有一些想法（例如，提升销售效率），但并没有量化。

2. 为重组设定了总体价值目标（例如，精简 10% 的雇员），但是没有列出细节。

3. 对价值有精确的规划和量化（例如，要减少 × 百万美元的成本，增加 × 百万美元的销售收入）。

对于重组的成本和风险，你有多大程度的考量？

0. 我们认为重组无须任何成本，也没有风险。

1. 我们关注到一些高度的风险（例如员工的分心、核心人员的离职等）。

2. 我们制定了项目团队或外部支持预算，并且关注到部分高风险。

3. 我们制定了项目团队或外部支持预算，并量化了重组的潜在风险（例如，在不确定时期，销售额可能会有 5% 的下滑）。

你是否为重组设置了时间进度？

0. 没有设置时间进度，顺其自然。

1. 为工作的第一阶段设置了时间表（例如设计新结构的框线图）。

2. 设定了总体时间表（例如，重组必须在 4 月完成）。

3. 设定了总体时间表，并且将整个工作拆分为数个阶段。

如果你的得分在 7 分或以上，那么恭喜你，你做得不错：对于重组的原因以及未来应当如何行动，你有十分清晰的理解，而且你制定了时间表。得分在 4~6 分则说明你做到了一部分。如果你的得分低于 4 分，那说明你陷入了大麻烦。我们希望这一章能帮助你认识到你的问题并且加以改进。如果事前搞不懂这些问题，领导者以后怎么衡量重组的成败？

为了更好地理解重组中的挑战，我们接下来为大家引入本书的核心案例（案例中所有人员均为化名，并且更改了行业）。

约翰刚刚成为一家能源公司的首席执行官，该公司业务遍及美国和西欧，最近也在东欧和亚洲展开投资。公司最早成立于欧洲，约翰是首位担任该公司首席执行官的美国人，最近正打算把家搬到欧洲的公司总部附近。能够得到一个如此好的施展才华的机会，约翰倍感兴

奋，因此打算上任之初就烧一把火。约翰之前是美国一家公司的业务主管，从他的角度看，公司现在的效率非常低。此外，对于外界日益增长的环境忧虑、消费者选择、价格压力以及监管变化等，该公司也没有做好应对准备。约翰认为，公司目前出现了 1+1<2 的问题。许多地方的业务被绑在一起，但彼此之间各自为政；公司总部高高在上，除了徒增成本，看不到任何明显好处。在当前的结构之下，公司能改进的余地似乎十分有限。约翰坚信公司需要一场深入灵魂的改革。不过，在走马上任的前 100 天里，约翰有很多其他的事情要做，于是他就找来了自己的亲信、曾在美国和他并肩作战的艾米莉亚。

约翰给艾米莉亚打去电话，力邀她接受挑战，后者也十分兴奋。他向她简要地介绍了情况。但在此之后，想要了解更多详情的艾米莉亚却很难见到这位首席执政官，因为约翰一直在全世界出差，见董事会、投资人以及新的领导团队。与此同时，从现有文献中得不到帮助的艾米莉亚回到了以前的行事方法上。她之前在一家大型资本项目类公司工作（负责管理得克萨斯陆上风电厂的建设），因此决定这次也照葫芦画瓢，按照之前公司的模式进行重组规划：首先是分析机会；然后选择范围，确定概念，设计细节并推动实现；最后是启动新的组织。

从一开始，她就认定，必须为重组设定具体的业务目标。

在同约翰第一次通话的两周后，艾米莉亚终于有机会再次和约翰通过电话交流。她分享了自己关于重组的想法。约翰喜欢她的方法。"但容我花点时间，和你谈谈我对重组的想法。"他说，"我发现我们今天做事的方法恰恰阻碍了我们去做必须做的事情。按你以前项目的方法去做，所有在陆上风电厂的好的经验都拿来用。这不会影响我们在欧洲的可再生能源项目进度。这些家伙都只是在做重复劳动。看看总部这些家伙。我们总部有太多人，每天就是向各业务线要信息。这

第三章
步骤一：构建重组损益表

里面有大量的无用功。但是这些业务部门却永远不知道信息去往哪里、结果如何，如此周而复始。我将我们公司与竞争对手进行了比较，它们的成本比我们低 10%。我不得不说，我们的人太多、太低效了。和交易员在一起时，我们似乎还在从工程的角度来处理一切问题。和银行相比，我觉得我们还活在黑暗时代，尽管我知道银行也不是事事能做对。除此之外，每个国家的公司看起来也在各行其是。我的观点是，我们要有一个中心组织，一套单一系统，这样我们就能够以最好的方式来统一各国公司的交易平台。重组细节中会涉及许多这样的问题。没有重组，我们就无法实现我向董事会承诺的业绩结果。"

"我还关心跨公司的安全绩效问题，"艾米莉亚说，"在美国，我们在这方面的确实现了很多改进，但某些其他业务，尤其是在新兴市场，伤亡数据还很令人担忧，出现伤亡仅仅是时间问题。为了公司以及那些为我们工作的人——无论是职员还是承包商，我们都必须把这件事做好。"

"我非常赞同，"约翰答复道，"我知道对你来说一切都是新的，但是我完全相信你的能力，毕竟你在北美做出了很多改进之举。如果你也能搬到欧洲就太好了——起码目前如此。你可以把办公室设在我的旁边，这样一起工作也更方便。现在，我还有一堆其他事情要处理。但我要求你每周一和周末都要向我汇报情况，和我的助理理查德一起把这件事安排好。我还希望你能找我的直接下属聊聊，了解一下他们认为的当务之急是什么。召集一队人马帮你一起干。不管你需要什么，都可以找我。我需要重组尽快落地，圣诞节之前（现在是 8 月），起码在我的报告和他们的报告这两个层级落地——我们可以叫它'新运营模式'。"

艾米莉亚按照约翰的建议，去和各国分公司的总经理及总部的职能主管做了交流。当然，和他们开会、电话沟通也花了不少时间，部分是因为欧洲的高管们都在休假。尽管首席执政官一直在催促，有些电话直到 9 月份才打通。诸位高管的意见基本对半分：一半人同意约翰的评估；另外一半虽然承认业务上面对不少外部挑战，但认为现行组织运转良好。后者认为，为了践行新首席执政官的理念，有必要进行部分革新，但是很显然，他们希望这种变革越小越好。

9 月中旬，艾米莉亚基于同约翰及其团队的沟通，制定了一份项目章程（见表 3-1）。这个章程还不错，但艾米莉亚仍觉得在重组目标方面还有不清楚的地方。部分公司高管，尤其是在总部工作的高管，将这次变革视为公司的一个历史转折点；其他人，尤其是各国分公司的人，则将其视为一种基于公司现状的微型变革。

表 3-1　重组项目章程第一版

目标	
·重组公司	
效益	**决策制定者**
·定员减少 10% ·一流的资本效率 ·世界级的交易表现	·首席执政官
成本	**利益相关方**
·项目团队：约 30 万美元 /3 个月 ·外部支持？	·各国分公司的总经理 ·总部的职能部门负责人（人力资源，金融，交易，大型资本项目）
风险	**信息来源**
·领导层不统一	·各国分公司和职能部门的专家
范围及时间	
·组织结构的前三层 ·3 个月（阶段 1）	

第三章
步骤一：构建重组损益表

　　至少这个章程降低成本的目标很明确：减少 10% 的人力成本。但是它并未指明是否组织的每个部门都需要按这个标准来执行。艾米莉亚虽然只是和各部门有过短暂的接触，但她清楚每个部门的起点不一样。有些部门已经实现了成本的大幅缩减，而其他部门，只要在总部周围走上一圈，看看他们停车场里的车（数量和质量），就可以知道他们没怎么考虑效率这件事。另外，令人担忧的是，不少高管以为 10% 是一个弹性而非硬性指标。最后，即便这个目标可以达成，艾米莉亚也已经开始担心自己该如何与同事谈论这些事，毕竟有些人是她的朋友，他们的工作可能会受到影响。

　　除了缩减成本，其他目标并不是很清晰。到底什么叫"一流的资本效率"和"世界级的交易表现"？艾米莉亚是高管中的新手，如果这些问题处理不好，她担心自己可能会被认为是能力不足。

　　尽管约翰告诉艾米莉亚，她可以拥有"任何她想要的东西"，但直线组织（line organization）不愿意把各部门和职能的专家让给她。要找出她所需的经验丰富、思维缜密的人士并不需要花很长时间，不同部门中的朋友及同事就可以给她提供很多信息，但业务部门的领导却非常不情愿放走这些人（"你要的这些人都是走我的预算的，你想要他们全职过去就得承担相应的成本！"）。目前，这些行家里手仍旧在原先的岗位负责其日常工作。实际上，他们只是参加每周的重组电话会议，给点建议。艾米莉亚觉得所有的工作都是她自己在做，别人则是负责对她的工作进行评判。或许找点外部支持会更好点？但这要花费多少资金呢？

　　不过，艾米莉亚还是对重组的某些方面更有信心了：和约翰及其领导团队的交流至少帮她定下了重组的时间表。在她和同事圣诞节休假之前，她需要完成运营模型的设计，而这意味着她要在三个月内确定公司前三层的汇报结构：首席执行官、市场部门及公司领导，以及下属部门的领导。届时，项目将移交给人力资源部门及组织中的其他专家。这个时间表意味着，到圣诞节时，艾米莉亚就能够回归自己的岗位了。

在这一阶段，艾莉米娅依靠其直觉和天生的智慧，比绝大多数领导者做得更好。但是她的担忧也是对的。约翰发现了公司可以改进的一些具体方面，但是他却没有详细说明公司为什么需要重组以及重组会如何帮助公司在市场中胜出。

关于有效重组的秘密，森特理克集团首席执行官伊恩·康恩如是说："你必须清楚地知道你想要的是什么组织，这个组织代表的是谁。要确保你设定的目标是现实的，并且可以通过重组来实现。在我们最近一次为期半年的重组中，光是高层团队开会就花了12个工作日。在这一过程中，我们了解了今天所做的事情、我们所面对的市场、这些市场的发展方向以及我们的优势是什么。"所谓"清楚"，就是要告诉大家重组的好处是什么、成本和风险是什么，以及进行重组需要花费多少时间。不要把焦点放在同过去的斗争上，而是要聚焦未来——你的市场会如何变化，你的公司如何在竞争中取胜。

相比之下，约翰和艾米莉亚掉入了重组第一步中常见的三大陷阱之中。

陷阱1: 对目标定义不清

就像许多关注成本的重组一样，艾米莉亚起码为降低成本列出了一个大体目标。10%~20%的缩减很常见，而艾米莉亚也照例将目标锁定在定员的缩减上。但与定员相关的那些费用呢（如采购、办公费用、出差以及支出）？减少承包商支出会节省多少成本（定员减少时，这一块费用往往会增加）？更好的管理能否带来成本节省或营收增长？组织的某些部分是否需要增加人力方面的支出，而其他部分（例如前任领导按个人喜好设置的项目）可以砍掉90%甚至100%的人员？单纯的一个10%的缩减计划，并不能让艾米莉亚同受影响者进行谈判，设置个性化的目标。这也意味着她和每一位领导的谈话会是另外一场战争或者讨价还价。更糟糕的是，她还没有找到同领导层讨价还价的方法。她和首席执行官保持着有规律的沟通（尽管我们之后会知道这方面也存在其他压力），但直到现在，由于领导群体之间并无决策机制，她找不到一个渠道来解决自己那些挥之不去的疑虑。

对于以成本和定员为标杆（benchmarking）的重组，我有一言相告：要小心。我们见识过宽泛的标杆（例如，每个雇员对应多少人力专家），也见过细节型、活动驱动的标杆（例如，处理每一张应付账款发票对应的财务人员数量）。对于过于关注细节的不知所云的标杆，我们早已心生疑虑：它只会鼓励一种"减员到底"的冲动，然而在实际工作中，人数最少并不能保证带来最好的业绩或者最低的成本（考虑到地点和薪水的不同）。不同的公司往往也无法使用同一基准，毕竟公司不同的内包或外包决策，往往会极大影响员工的数量。此外，很少有公司会在设定降本目标的同时考虑到发展趋势：不管标杆是什么，如果一个业务部门蒸蒸日上，而另一个死气沉沉，那么，让他们同时减员20%显然不合理。或许那个正在发展的部门可以只减员10%，只有这样增长才不会受影响；而考虑到严峻的财务形势，另外一个则可以减员30%。遗憾的是，我们常见的仍然是这种10%~20%大而化之的目标，能根据分析和判断设置个性化目标的仍然不常见。这种一刀切的方法之所以大受欢迎，原因在于一个固定的规则虽然是错误的，但更适合重组这样一个充满情感宣泄的语境，而那种需要管理判断、更为细致的方法，则会让那个做判断的人成为焦点。尽管后者很难，但是我们鼓励去大胆尝试，因为它更有利于你的业务，对你的同事也更公正。

以成本为标杆的模式，有两种模式可以奏效。第一种是内部标杆：这种方法覆盖的是一个公司，情况都比较相似，如果有不同之处，你至少也能找出不同的程度和原因。因此，问一问为什么欧洲每个雇员对应的人力成本是北美洲的两倍这种问题，也可能有所裨益。一个显而易见的解释是，欧洲的部门可能需要说多种不同的语言。然而，如此大的差异，或许正是某些效率的来源。第二种是一小部分企业共享同一标杆。当公司可以共享数据、公开比较时，它们就有可能去充分讨论机会到底在何处。举个例子，我们曾把一家全球油气公司和它的一个主要供应商放在一起，让它们比较在人力资源方面的不同：不仅对比全部员工数，还会讨论如何支持业务需求以及支持的地点等。

在艾米莉亚的案例中，对成本目标的解释固然有问题，但起码她有了一个数字。我们可以称之为效用目标之所在，其挑战在于其模糊性。尽管重组常常与降低成本相关联（因为降低成本是一件非常简单的事），但考虑如何增收也应同样重要，有时候甚至更重要。即使是最关注成本的重组，若能找到增加效益的重要方法，也是颇有好处的：不能只是为了避免公司在当下落入崩溃，就不去关注未来如何在竞争中胜出。威利斯运输公司（Willis Transport）的首席执行官阿拉斯泰尔·斯威夫特（Alastair Swift）给我们分享了他曾参与的一次重组："我们试图一次做很多事情。重心也快速从营收增长向成本压缩以及营收合理化等方向转变。我们管理的注意力明显转向了更为简单易操作的

第三章
步骤一：构建重组损益表

成本缩减，而非营收增长这种更难的事。"对于重组目标并非降低成本的企业（例如更关注增长或者更有效的管理风险），关于重组益处的模糊性就具挑战性。

在艾米莉亚的案例中，我们需要问的是，什么是资本效率？它是否仅仅意味着花更少的资金，更便宜地建设每一座风力发电农场或者燃气发电厂，或者是将资本支出的回报最大化？什么叫作世界级的交易表现？如果你得不到未经测量的东西，你又如何展开测量？这些"无法反驳"的说法经常在重组中出现——很多说法人人都同意，但是又没有实现的路径和具体行动。为了避免在你的重组中出现这些问题，你可以进行如下测试：如果你改换这些说法，是不是会有人认为其荒谬到无法赞同？如果是，那就说明你的说法是"无法反驳"的那一类。比如你说"我们要有世界最差的资本效率"或者"我们要有糟糕的交易表现"，没有人会赞同这些说法。但是，例如"我们要提升 10% 的资本效率"这样的说法就可以改变，而且改了之后仍然有意义。我们可能不想要 10% 的效率提升，因为 5%、20% 或者 30% 实际都是正确答案。（当然，我们还是需要准确定义何谓资本效率；同样，我们也无法确定是否能够实现。）

与此同时，企业需要避免将所有问题的解决方案都寄托在重组上。泰晤士水务公司的劳伦斯·戈斯登曾经参与过多次重组，关于重组具体目标的重要性，他说：

正确理解重组的目的至关重要。通常，你会得到一份清单，上面列出了所有的事情。然而在重组的某一时点，你意识到很多事情是永远都无法实现的。你需要放下情感，专注于最重要的几件事情上。最终，这些事需要非常清晰地关联到一些对股东、客

户或两者都有意义的数字上。你需要排开其他事项，专注最重要
领域。其他事情并非不重要，但是为了能在最关键领域取得卓越
业绩，其他的事情只需做到一般，有时甚至是不够好也可以。

陷阱 2：对所需（资金和人力）资源欠缺考量

艾米莉亚正在设法确定自己所需的某一方面资源：重组团队的成
员。这是至关重要的。英国石油前首席执行官布朗勋爵就曾建议高管，
在启动重组之前需要考虑三件事：

第一，要找出尽可能多的盟友，他们要能够理解你做这件事
的目的，更重要的是理解在重组结束时你想看到的语言和行为变
化是什么。记住，你要变革的不只是结构，还有互动方式。要是
没有这些，就别尝试进行重组。第二，设立一个重组项目团队，
交由你信任的盟友负责，借此你可以找到人来细化问题，分配职
责，为每个分支设定微观方案。第三，记住，对于首席执行官来
说，制定业绩标准是很容易的，但要员工改变行为方式却大为
不同。

通常来说，一个重组项目团队会包括一名项目经理（如艾米莉
亚）、一位人力代表、一位财务代表、一位沟通专家、来自待重组组
织的专家以及一位工会代表（视情况而定），此外，正如我们在引言
中所提到的，领导者需要在引导变革方面付出个人时间，否则改革就
不会有效率。当然，这也要视重组的规模而定（领导者可以只是兼职
角色，也可能是多个角色的总和）。但无论如何他们都要付出真实的

劳动，承担切实的责任。只是偶尔给别人的作业打打分数是不行的。如果我们知道付出的时间和大致的薪酬级别，投入的成本就很容易计算了。表 3-2 显示的是一般情况下不同类型的重组所需的资源及大致成本。

表 3-2 不同类型重组所需资源及大致成本

重组类型	资源	成本*
业务或职能部门的一部分	1 个全职项目经理：20% 的人力，10% 的财务，10% 的沟通，10% 的领导人时间投入	9 个月，18 万美元
整个业务部门或职能，或小公司	1 个全职项目经理、1 个全职业务部门或职能专家：50% 的人力，20% 的财务，20% 的沟通，20% 的领导人时间投入	9 个月，25 万美元
整个公司（中型）	1 个全职项目经理、8 个兼职业务部门或职能专家：50% 的人力，20% 的财务，20% 的沟通，8×20% 的领导人时间投入	9 个月，125 万美元
整个公司（大型）	1 个全职项目经理、1 个全职助手、10 个全职业务部门或职能专家、1 个全职人力：50% 的财务，50% 的沟通，8×20% 的领导人时间投入	9 个月，215 万美元

＊并非现金支出，而是重组工作中员工的劳动成本。

接下来是艾米莉亚提到过的外部咨询所需的成本。正如我们指出的，如果内部有专家而且变革相对简单，外部支持就没那么必要了。但是，如果重组的代价很高，解决方案不清晰，而且变革的政治性很强（在这种情况下，中立方介入能够帮助你达成协议），则非常需要外部人士的支持。同样，这些都比较容易计算成本，因为此类外部支持都会给我们一个成本方案（但是要注意看清这个方案是否只是覆盖了本书所提重组五步法中的某些部分，而实际上你需要的是全程

重 组
麦肯锡变革方法论

支持）。

最后，艾米莉亚没有考虑到的，也是极少被人考虑到的，是人力成本。和很多之前的人一样，你会认为你的重组首先是节省人力成本的重组。但不幸的是，你以后会知道自己是错误的。在 1 800 个接受我们调查的高管中，有超过一半的人发现重组后出现了生产率下降的现象，有 10% 的企业发现了生产延期或销售下滑或两者兼而有之的现象。[7] 这种下滑影响非常大，远远超出项目团队或外部咨询的成本。当然，你可以采取一些方法来减少类似风险（例如设置留任奖金，加快管理汇报节奏，如此你就可以尽早识别问题，给予他们帮助而非责难），但这些也有财务成本。

即使你能够降低人力成本，也不可能将其完全消除。即便人数不变，所有的重组也都会带来角色的变化。有些重组还会大幅降低岗位和员工的数量。所有这些都会增加员工压力，而这一点你在重组之前就必须考虑到。你必须确保的是，重组为股东、客户或组织健康所带来的益处要远远超出人力成本支出，包括个体的成本。你可能需要告诉那些长期为公司服务的人（有的甚至是朋友），他们的岗位已经发生了巨变甚至已经完成消失，对此你必须有所准备。因此，避开了这个陷阱并不代表就可以省去人力成本——这是不可能的。相反，它意味着需要对内部和外部成本进行切实计算，并且确保相对于所有的财务及人力成本，重组的确物有所值。

尽管人力成本不可能完全消除，但的确可以减少。在本书中，我们会着重介绍一些相关的方法。下面是最重要的几件事：

- 应尽可能早地进行沟通，包括设定决策的时间表。

- 推己及人，对所有员工抱有同情心，并期待员工会对重组做出情感上的反应。这意味着领导者要留出足够时间，以支持受重组影响的员工（所谓受影响的员工，不只是那些即将离开组织的员工）。

- 在施行变革之前进行完整测试，确保这些变革都可以得到理解，而非只是被首席执行官或高级经理理解。每位雇员都需要弄清他们在新组织中的角色变化，也需要具备适应变革的技能和动力。

陷阱 3：没有统一的时间表

在艾米莉亚看来，她起码对重组以及届时需交付的成果（公司前三层的汇报结构）做了清晰的个人安排。然而，如果从重组的整体角度看，这个时间表也不完整。首先，这个时间表只排到概念涉及的结束阶段（第三步）。其次，她对交付成果的定义本身也不完整（这一点我们将在第五章详细阐述）。我们坚定认为，重组结束的标志绝非一张漂亮组织框线图的诞生、重组概念的细化或者新组织的成立。相反，只有新组织开始带来更多价值之时，才是重组真正的结束之日。这是判断一个商业项目成功与否的唯一标准。当然，如果价值本身定义不清，重组目标也很难实现。随着项目周期不可避免地延长至圣诞节后，艾米莉亚终会发现事非经过不知难，成如容易却艰辛。

因为典型的重组要么是"事情接踵而至"，要么是"走一步算一步"，再加上绝大多数经理人的重组（尤其是成功重组）经验有限，因此，我们很少能看到一个覆盖重组全程的明确的时间表。或者虽然有时间表，但其计划的时间往往要比实际所需长太多。结果，绝大多数重组需要约 18 个月才能完成。18 个月的时间投入可不是一个小数字，毕竟《财富》500 强的首席执政官平均任期也不超过 5 年。我们在引言

重 组
麦肯锡变革方法论

中提到过一个重组花了 12 年的案例，在那个案例中，到了第三任首席执政官上任时，公司才最终宣布重组成功，一切告一段落。不过，这个项目不仅在重组期间耗费了巨量的人力物力，到了后来，为了适应不同的高管，这一项目也不断修改，其所带来的成果也因为部门、职能以及地点等的差异而很不一致。按照我们的经验，成功的重组所花费的时间更短，一般仅需 3~9 个月。从对雇员冲击最小化这一角度看，显然是重组花的时间越少，带来的压力越小。虽然这是一个常识性结论，但许多负责重组的高管仍坚持认为，只有长期、持续、渐进式的变革才能将冲击降到最低。不要再犯这样的错误了。

那么，收益、成本以及时间表，这些东西加起来意味着什么？如果我们掌握了这三个变量，我们就能理解重组的损益（见图 3-1）。不仅如此，我们还可以在一开始就对重组的必要性进行质疑。如果数据不支持，那就不要重组。而即便数据支持重组，你也应该问："我是否还有其他节省人力成本的方法来实现相关目标？"如果答案是肯定的，那你也无须进行重组。

但艾米莉亚的麻烦是，公司高层并未进行这种对话，他们只是对重组的目的有理论层面的认知（认为重组是一次转折或者一场持续的变革）。面对挑战，这样的论调不可能说服大家去接受改变。有重组经验的高管们已经多次向我们强调了这一点。例如，欧洲复兴开发银行行长办公室主任汉娜·米德丽-罗伯茨就告诉我们："最重要的是在开始之前就要找到一个真正令人信服的变革理由，哪怕是出于缩减成本等消极因素。只有清晰的理由才能让大家积极应对。"所以，我们的建议是，只有具备清晰且为高管团队普遍接受的理由时方可进行重组，否则不要轻举妄动。

第三章
步骤一：构建重组损益表

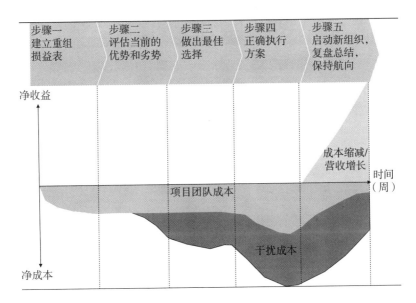

图 3-1 重组损益的概念化阐释

当然，你可能知道有针对这一观点的两种反对意见（我们当然也知道）。首先，有人认为重组是人的问题，而不是业务问题，因此需要将其视作业务的推动器，而非可自我衡量的目标。第二种反对意见认为，重组非常复杂，充满变量，因此永远不可能准确定义其所带来的价值。如果你读过前文，或许可以猜到我们对第一种反对意见的看法：这种意见把我们带回了伪科学的世界。如果重组是实现你所期望价值的必经之路，那你必须有能力对结果进行测量。我们绝对同意重组和绝大多数企业项目（例如拓展新地区市场）一样，是一个有关人的问题。你绝对不会认为可以在无明确目标的前提下开始一项其他新业务，既然如此，为何就应该轻率进行一次如此耗费人力物力的重组呢？如果重组并非必需，而且有成本更低、花费时间更少、更加轻松的价值实现方法，你就根本不应该重组。

第二种观点认为无法准确定义重组带来的价值，然而在商业上，对复杂行动进行预测是常态。例如，油气行业在只钻出几口井，没有彻底搞清油气储备的数量和质量时就会做出是否投资数十亿美元的决定，更不用说它们在立项时完全不知道未来十年的油价走向（我们现在也无法知道）。如果它们可以预测，我们当然也应该对重组的收益、成本以及时间表做出预估。

接下来我们会以亲身经历的实例对以上（关于收益、成本以及时间表的）三大挑战进行分析，并提出制胜之道。

制胜之道 1：明确定义价值

我们参与的一家欧洲快递公司的重组，清楚地表明了明确定义价值的重要性。这家企业计划建立一所企业大学以取代现有的各类培训课程，并为此进行了商业论证。由人力资源总监所领导的项目组认为，企业大学的主要益处在于能够以更高效的方式整体推进培训，有效降低成本。然而，由于商业论证不够有力，业务线领导在执行委员讨论会上提出反对时，首席执行官也不愿意支持他们，否决了相关方案。

开局不利让项目经理被迫回到起点。他突然意识到，自己和团队没有从正确的角度理解一所企业大学的价值。节省成本的确能带来一些好处，然而，一所企业大学可以从其他两个方面带来益处。首先，企业大学可以将培训资源从一般性培训转向公司业务所需的具体能力培训（例如交叉销售）。其次，它可以让组织对雇员更有吸引力，既有利于招聘，也有助于留住人才。两种情况都有明确的商业目标，并且与企业经营业绩挂钩。

项目经理为第一次商业论证被毙掉而感到庆幸，因为一所传授新技能、增强员工黏性的企业大学和一所以降低企业成本为目标的大学完全不同。要想将重心转移到培训上，企业大学需有权向管理团队建议培训的轻重缓急（而非只是以更有效的方式推进现有课程的学习）。为了增进岗位的吸引力，企业大学需要与人力资源部门高度协同，保持牢固联系。

制胜之道 2：识别成本和风险

一家大型矿业公司的负责人正在考虑一项大规模收购。他知道，这种收购最大的风险在于两家公司的整合（重组的一种）可能会出现各种问题：用时太长、花费过大甚至出现更为严重的问题，即未能实现公司所预期的商业成果（参见附录 B）。因此，他不仅制定了完整时间表（以实现成本缩减预期，并且使新流程在所有矿场落地），列出了所需的成本（内部及外部），而且还对过程中可能出现的风险做了梳理。

总共近一百条风险被列出，其中既包括业务中断引发的人才流失，也有新经理人入职延迟风险。不过，在这近百条风险之中，负责人又挑出了 12 条瓶颈类风险，这类风险如果未得到及时处理，可能会对整合过程产生阻碍。例如，如果合并后公司的薪酬结构不能及时确定，对外招聘就无法展开。在整合过程中，此类风险会得到密切监控，一旦其中的某个风险出现（这是不可避免的），领导团队就需要立即介入（计划再好也无法阻止挑战的出现）。其他的决策也会得到监控，但在时间表发生变化时，不要急于干预。

我们经常在重组中使用这种识别瓶颈类风险的方法，以确保能够聚焦，且快速干预那些阻碍流程的决策。当然，瓶颈类风险并非总是重组中的最大风险所在，它们只是会大幅延迟重组过程而已。

制胜之道 3：设定速成时间表

  一家全球制造企业陷入了困境。当全球性经济衰退来临时，整个行业进入了严重衰退期，市场需求大降。为了活下去，这家公司需要在 6 个月内实现 10% 的成本缩减。单靠修修补补无法实现这一目标，为了适应市场变化，该公司需要一场全面的重组。与此同时，该公司的领导者也痛苦地意识到，如果重组失败，企业可能加速走向灭亡。

  首席执行官决定采取广而告之的行动，他向市场公开了成本缩减目标和重组的时间表。自此，关于时间表的讨论结束了，整个公司只得全力以赴。为了实现目标，公司避开了过于复杂的规划，取而代之的是几个明确的最后期限。整个项目抽调了 50 位顶尖人才负责过渡期的管理。另外，公司还研发出一套用以帮助各地业务实现转型的详细行动指南以及用于追踪人力成本缩减进度的工具。

  这家公司的重组完成速度比预想的还要快，仅用了 4 个月时间。变革非常痛苦，许多雇员必须离开公司，但是清晰的目标（以及未能实现这些目标的后果）意味着这些雇员都得到了成年人的对待。此外，清晰的决策制定过程尽可能保证了重组的平等和体贴。在部分有着严厉监管或工会很强势的欧洲国家，重组的进度会稍慢一些，但是公司决不允许有人妨碍它们变革的努力（参见附录 C）。

  除了实现成本缩减的目标，这家公司的首席执行官及其团队也痛苦地意识到，他们不仅需要为眼前的生存降低成本，还必须找到一条精益经营之道，使他们能够在经济形势好转时取得成功。尽管当前的重组追求速成，但公司还是腾出时间，对新的 IT（信息技术）物流系统进行了推广前测试。

得益于以上这些努力，这家公司不仅实现了节约成本的目标，同时也在复杂的市场环境中取得了进一步的发展。

······

这一切对于艾米莉亚和她的能源企业重组有何意义？让我们假设她得到了我们上述的建议，看看结果会有何不同。

通过与约翰直接下属的交流，艾米莉亚意识到，一些领导者认识到了重组的必要性，但也有一批人在敷衍行事。于是，在同约翰进行每周例行交流时，艾米莉亚提出如下建议："与其继续一对一地沟通，不如按照大型资本项目的决策方式，成立两个工作组。第一个工作组可以把积极拥护重组的领导集中在一起，大家一起确定重组的目标、风险以及时间表。第二个工作组则可以把包括各国市场部门负责人及总部领导在内的所有管理层聚集起来，这样他们可以更清晰地理解重组的重要性，我们可以一起解决问题。而且，约翰，我真心希望得到你的帮助，让那些我需要的人能够从手头工作中解放出来，到总部来帮忙。"

"没问题，我没意见。"约翰说。

"还有一件事，"艾米莉亚说，"关于一流的资本效率和世界级的交易表现······我真不知道这些到底是什么意思······我的意思是，这两方面的成果如何量化？"

"对，我也不知道，等成立了工作组我们一起讨论吧。"

在第一次会议之前，艾米莉亚在团队的帮助下收集到部分数据。

重 组
麦肯锡变革方法论

这些数据有助于为她、约翰以及他们的盟友创建一个初版差异化成本缩减目标。她的团队将公司财务同竞争对手进行了比对，并对每一项业务一一做出比较。举个例子，为什么某业务的人力资源投入是其他公司的两倍？与此同时，团队成员也在尽力了解各业务部门的业绩表现。结果发现，某国分公司的财务人员略多于其他分公司，然而其成本控制也是最优的。不过他们并不因此认为更多的员工必然会带来更好的业绩。他们还收集了衡量资本效率及交易表现的各种方法。在健康与安全方面，公司所有部门都必须以同样的方式监测员工的伤亡情况，然而只有最严重的伤亡需要向总部报告。凭借首席执行官的授权，艾米莉亚掌握了全部的数据，这使她越来越清醒地认识到，某些地区出现大事故只是时间问题。

即将成立的领导团队工作组也提升了艾米莉亚团队的斗志。没有人想在公司领导面前出丑。领导团队会对他们的工作做出评价。艾米莉亚指出，单是减人并不能实现重组目标，她分享的调研数据显示，将雇员数量降到最低并不一定会带来良好的结果。约翰和他信任的顾问意识到，只有将人员缩减和其他支出缩减（例如承包商、材料以及服务支出）相结合，才能真正实现运营支出的缩减。团队针对不同的市场部门对症下药：有些部门面对的市场挑战更大，因此有更高的成本缩减目标；其他的部门（如资本项目团队）则会得到更多投资，以获得削减建设成本的必要能力；交易部门的收入目标被调高。此外，团队还将资本效率细化，把未来资本项目的支出降低了 10%。有意思的是，资本效率目标远远高于主要的运营支出缩减目标，尽管后者引发的争议更大。

在艾米莉亚的建议下，公司还设定了安全目标。团队并不想显得过于冷酷，他们发现，通过近期的保险支出、监管费用以及项目延误等数据可以计算出安全的货币价值。这使得约翰和他的团队惊奇地发现，安全不仅是一项道德义务，也是企业最为重要的商业目标之一。

接下来团队讨论了重组的潜在成本和风险。在会议之前，艾米莉亚对公司上次重组期间的业绩下滑做了一些分析。她注意到当时公司的账款数、资产利用以及交易业绩下滑了近 5%，并认为员工的分心是导致如上问题的主因。这些潜在问题显然影响了重组的价值。经济学还是有道理的，而约翰也确信，艾米莉亚已经找到了化解风险的部分方法。

考虑到对明年下半年公司财务的影响，以及上次重组花费了 18个月之久（一次普遍认为效果不佳的重组），团队为此次重组设定了 9个月的时间。如此一来，人人对重组的时间进度有了清晰掌握：重组的好处会更早显现，对业务的影响时间会更短。不过，这也意味着在未来 9 个月中，不少高级别领导人需要在重组上分配更多的时间和精力，尤其是在重组收尾阶段，领导者更需对变革在人事上的冲击加以管理。

由于时间表拉长，艾米莉亚的圣诞假期也保住了，可以好好为休假做个安排了。现在的挑战是如何实施重组。

最后，艾米莉亚给出了时间投入需求及项目团队成本。她还把高管层的时间投入需求包括了进来。在详列了重组的潜在收益与成本之后，艾米莉亚发现讨论比预想的轻松许多。首席执行官核准了整个项目团队，并且承诺在任何需要资源支持的时候重新介入。

和全部领导团队进行的第二次会议则更具挑战性。考虑到高级管理人员的时间的确紧张，艾米莉亚将会议安排在了例行季度管理会议的前一天，如此一来可以争取到更多的高管参加会议。但即便如此，还是有几个国家的业务负责人没有出现。艾米莉亚知道这些人对重组

重 组
麦肯锡变革方法论

的态度，他们的缺席很可能是故意为之。在艾米莉亚的建议下，约翰为当天的会议做了开场："关于重组，我需要说几句。我发现我们今天的行事方式已经成为我们必行之路上的障碍。"约翰告诉他们，总体目标没有商量余地，他和董事会已经达成共识。今日团队的任务是如何将这些目标分解到各个分公司的相关业务和职能部门。

接下来，艾米莉亚主导了关于运营支出缩减目标的讨论。与背负最大目标的市场部门负责人进行沟通并非易事，他们都认为应当获得更多的主导权。约翰的在场是一件好事，他可以亲自感受到部分人对重组的抵触。与此同时，会议也收到很多有意义的反馈。例如，通过交流，艾米莉亚发现部分资本项目无须投资也可以实现改进。会议结束时，针对个别市场部门及职能的部分目标做了调整，但总体目标并未发生变化。尽管领导团队不会在一开始就赞成相关的成果，但他们认可变革的必要性，而达成目标共识的整个过程也很公正。

此外，管理团队还就变革对雇员可能产生的影响做了讨论。他们认为，每一位高管都有必要付出一定的个人时间，为那些受影响的成员提供支持。约翰明确表示，所有的团队领导需要每周拿出一定的时间来和团队成员就此进行交流。

从个人的角度出发，艾米莉亚感到非常高兴，因为她所关心的安全问题已经成为重组的主要目标之一，此外，关于变革对人员的影响也有了明确的讨论。在两次会议的基础上，艾米莉亚更新了她的项目章程（见表3-3），其中包括人员、流程以及结构的变化（参见第五章）。仅用了数周的时间，艾米莉亚就对应该做的事情有了更为舒心的感受。

表 3-3　重组项目章程第二版

目标	
·通过全公司范围的重组降低成本，增加营收	

效益	决策制定者
·整体运营成本缩减 10%（不同部门有各 　自目标），每年总计 1 亿美元 ·更高的交易收入：两年 5 000 万美元 ·项目资本缩减 10%：每年 3 000 万美元 ·两年内将因工伤导致的时间损失减少 　90%	·由首席执行官领衔的决策委员会，包括 　各分公司总经理及总部职能部门的代表

成本	利益相关方
·项目团队：约 60 万美元 /9 个月 ·领导人时间投入：65 万美元 /9 个月 ·外部支持：50 万美元预算	·各分公司总经理 ·总部的职能部门主管（人力资源，金融， 　交易，资本项目） ·全体员工

风险	信息来源
·收入下降：约 2 000 万美元 / 一次性 ·资产利用率下降：约 1 000 万美元 / 一 　次性 ·交易收入减少：约 250 万美元 / 一次性	·历史重组经验 ·市场部门和职能部门的专家 ·外部支持

范围及时间	
·组织成员、流程以及结构 ·9 个月（实施并开始显现价值）	

步骤一过程中的沟通技巧

和其他任何事情一样，重组最重要的沟通原则是首先要了解沟通对象的需求。这听起来只是非常简单的常识，却常常为人所忽视，相反，领导者往往只专注于他们想要表达给别人的东西。

重 组
麦肯锡变革方法论

员工和领导的需求。 在小范围内进行重组需求调研时，这一步可能暂时不必要。但是千万要记住，公司考虑重组的消息被越多人知道，它被泄露出去的可能性就越大。如果在第一步的最后你做出了重组的决定并组建了完整的重组团队，那么，员工就会想知道发生了什么，也会担忧他们的工作是否受到影响。领导者对重组计划的了解要比普通员工多，可能更加担忧自身角色及权力的变化以及下一步的进展。与此同时，无论是员工还是领导者，都会有其他的实际关注点，他们知道这项工作会持续一段时间，不会期待变化立即出现。

沟通什么。 在这一阶段，你并不知道重组的确切样子，但你的确知道变革的理由。此外，正如我们在前面强烈主张的，你需要对重组的进程有一个规划。在此阶段，不要试图用早期的重组构想来激励他们。相反，你只需要和他们沟通简单的事实：重组的大体原因；哪些地方需要改变，哪些不需要；可以让员工和领导者进一步了解重组的各个重要节点是什么。如果你是在欧盟国家进行重组，还需要注意你在此阶段使用的语言以及它是否意味着已经做出了某些决定（参见附录C）。公布重组团队的人选也不无裨益。如果你的团队成员都是业务的精兵强将，那么，这种选择本身就向整个组织发出了一种信号：重组不是做做样子。如果重组不涉及裁员，就要告诉大家（但大家可能对此表示怀疑）。如果决定裁员，或者可能裁员，也不要对此矢口否认，否则你会很快失去信誉。领导者要确认哪些顶尖人才是不可流失的，并及时和他们沟通，向他们保证重组后他们在公司仍有一席之地。在这一阶段，很多领导者不确定是否应该就重组发表重大声明。声明的好处是，当你将其与光明的目标相关联时，人们可以更容易地跟上重组的故事节奏。但是声明也有坏处，它会让重组看起来过于重大，而在沟通出现问题时，人们会变得更加焦虑。

如何沟通。这一阶段的沟通应当简单明了。它可能是首席执行官的一封邮件或者是其个人博客或类似网站上的一篇文章，重点应该放在接下来要做什么，而不是重组的未来会怎样。理想的沟通应当是双向的（例如，设立收集问题的专用邮箱），不过，在消息可以大规模传播之前，重组团队无义务分享重组的任何细节。除了应及时告知重组每一步的各种决策，重组团队也应当树立一种大家可以定期了解重组进展的预期（例如，首席执行官的博客定期更新或者每月有一次电话会议）。定期的沟通可以避免信息真空，让人们知道何时可以获得最新消息。如此，在有消息时，它给人的感觉会是"这是最新的每月进展通报"，而非"号外！我有一个声明"。无预期的消息要么让人感到恐慌，要么因为无实质内容而令人失望。

步骤一总结

陷阱	制胜之道
• 对目标定义不清	• 明确定义价值
• 对所需资源欠缺考量	• 识别成本和风险
• 没有统一的时间表	• 设定速成时间表

如何在自己的组织中运用这些策略？

• 思考重组是否真有必要：重组的收益是否大于成本（包括人力成本）和风险？使用附录 D 的损益表模板来进行评估。

• 为重组制订一个完整计划。首先要确定重组的损益（收益，成本，风险和时间表），并明确领导者会以何种标准衡量重组是否实现预期。如果你的组织规模较大，计划引入更多的外部人士协助或者需要面对更为复杂的法律要求，就需要将重组的时间设计得更长。

· 组建重组项目团队，其中要包括一位项目经理，一位人力资源代表，一位财务代表，一位沟通专家以及来自涉及重组的部门的专家（依照重组规模的不同，部分人员可以是兼职或者合并岗位，但必须切实投入相关工作）。

确保领导层投入足够精力来领导重组

——召集项目发起人，顾问，以及项目团队进行第一次会议，确定重组的损益表。

——至少召开一次领导人会议。会议不是民主决策会（不会有重组投票），而是领导层的交流会，且不可缺席。否则你之后将陷入一对一的战斗。

——在领导层需要投入多少时间和精力上尽可能达成共识，注意不要低估后续阶段所需的时间。届时，领导需要与受重组影响的雇员进行交流。

· 依照表 3-3，利用附录 D 的模板，确立重组的总体目标、收益、成本、风险、时间表、范围、决策者、利益相关者和信息来源，并和团队共享。

· 在组织内进行广泛宣传，重点是正在发生什么、原因何在、持续多久，以及何时公布更多信息。

第四章

步骤二：评估当前的优势和劣势

在这一章的开始，我们继续来做一个小测验。在设计新重组方案之前，请根据当前或之前的重组经验回答如下问题。

你是否有对此前重组的优点和不足进行评估？

0. 没有做过相关评估。之前的重组没有实现预期，因此很显然我们需要一次新的重组。

1. 我们设置了宽泛的标杆，用以将先前重组同其他选项进行对比（例如优势和不足）。

2. 我们研究了先前重组的不足之处，让我们知道了改进的方向。

3. 我们详细研究了先前重组的优点和不足，因此我们知道哪些事情是不能搞乱的。

你们在进行评估时参考了谁的意见？

0. 没有，我们没有征求其他人意见。

1. 公司或业务部门的领导。

2. 多部门的员工，包括 10~20 位领导、专家以及一线员工。

3. 一个相当规模的样本（100~200 人），包括来自不同地区的不同层级员工（甚至还有一些客户及外部利益相关者）。

你是如何进行评估的？

    0. 我们没有进行评估。

    1. 访谈。

    2. 访谈和调查。

    3. 访谈、调查、研讨会和分析（例如活动分析、财务或运营指标分析、对表现优异者和欠佳者的对比分析）。

再一次统计你的得分。如果得分在 7~9 分之间，你应该很开心，但如果分数低于 5 分，那就应该紧张起来。对于准备上手术台操刀的你而言，这些分数表示的是你对病人的了解程度。

如果你的私人医生在打麻醉剂和拿手术刀前能进行如此详细的尽调，你也应该感到高兴，对不对？

现在我们看看艾米莉亚的情况如何。

艾米莉亚已经对重组的目标有了清晰的了解。下一步呢？她知道首席执行官约翰真正想要的是新组织的前三层设计（新组织的"运营模式"）。只要解决了这一问题，她和团队就可以完成使命，把一切交给人力资源，然后各自回归常态了。但艾米莉亚直观感觉到，现在第一要务是搞清楚公司当前的组织方式，只有如此，她才能明确知道哪些需要做出改变。因此，她要求各部门的专家将当前的组织结构图，以及市场部门如何配置资金、如何进行交易决策等信息发给她。她创建了一个全员共享驱动器，如此一来，重组团队的每个人都可以

获得相关信息。等详细设计开始之后，这么做的好处将会得到进一步
体现。

艾米莉亚意识到，必须了解当下企业的痛点在哪里，这一点至关
重要。她创建了针对每一个市场部门及职能部门的访谈指南，以确保
了解所有与重组相关的问题，而一个问题是否与重组相关，则要看它
是否涉及战略、资本项目、交易、商业活动、客户关系、运营维护以
及后台支持。之后她与管理团队的每位成员进行了座谈，明确了需要
特别关注的问题。各国分公司的负责人抱怨说，总部的职能部门给的
指令太多，而总部的职能部门负责人则抱怨各地分公司变化莫测，最
终令业绩无法控制。不过，两者也存在某些方面的共识：企业经营成
本太高（不过每位负责人都认为其他部门的问题才是最多的），资本项
目的流程不清晰，交易部门能力严重欠缺。尤其是美国公司，在他们
眼里，自己的很多问题早就解决了（尤其是减少定员这一点），现在主
要的问题是欧洲的公司在拖后腿。

艾米莉亚简要总结了自己的发现，并和约翰做了分享。约翰对艾
米莉亚的努力看在眼里，记在心上，而团队对诸多担忧的认知也让他
感到宽慰，更让他感到高兴的是，艾米莉亚的访谈还将许多他没有意
识到的问题暴露了出来。

你会如何评价艾米莉亚在这一阶段的成绩？从我们的角度看，对
于一个从没有进行过重组的人而言，她的表现已算相当不错了。实际
上，很多的重组都漏掉了这一步骤（后面我们会讲到这一点）。尽管如
此，艾米莉亚还是落入了三个危险的陷阱。

陷阱 1：只关注劣势

在重组过程中，不少人极易有一种拯救公司于水火的思维。在这种思维框架下，我们会很自然地将重心全部放在公司的问题上。但请稍微停下思考一下。现有组织有多少部分是已经真的坏掉了？记住那句格言："今日商业上的成果正是当下企业组织的完美体现。"那么，这些成果是完全令人失望，还是说只是部分让人不满意？第一步的结果会给你这个问题的答案。如果目前的业绩极为糟糕，你或许应该只关注劣势的一面，并且需要准备全部推倒重来。但如果是有的部分很好，有的很差，还有一些部分马马虎虎（多数情况如此），那么你也应该对当前的优势予以关注，在内部的沟通中加以强调，而且还要注意决不能丧失这些优点。在我们所见的绝大多数重组中，组织实际改变的比重为 20%~30%。关键是要准确找到这 20%~30% 的所在。注意，如果只是从顶部出发，试图颠覆一切，其结果往往是白费力气，根本触及不到真正事关业务的层面。

借用医学打个比方：一位医生打算为一位癌症病人动手术。他会首先进行诊断，确认出哪些是病变组织，哪些是健康的。之后他会去除所有的病变组织，为了实现这一目的，他也有可能去除少量的健康组织。但他会竭尽全力避免非必要的健康组织切除，以免给患者带来不必要的伤害。

重组的主导者很少如此谨慎。即使是在优势非常明显的情况下，一些公司仍然会犯错，当重组完成时，他们会发现原有的某些优势丧失了。例如，一位能源客户发现，该公司在推行标准化和效率提升措施后，原本企业具有的强大损益思维消失了。自上而下的重组比自下而上的重组更容易遇到这种风险（更多关于这两种重组的不同，参见下一章）。因此，在分析诊断阶段花精力认清企业当前的优势，找到保持优势的方法，和找出企业劣势具有同样重要的意义。

此外，你也需要利用这种分析方法来了解领导层与员工的能力。他们的能力，尤其是处理变化的能力，决定了你的组织到底能够发生何种变化。实际上，在进入这一步时，一些掌舵重组的管理者会决定从竞争对手或其他行业引入一个或多个新领导，这些人具备企业所需的新能力，能够帮助他们实现预期的变革。

陷阱 2：只听领导的

艾米莉亚将诊断重点放在了对公司领导的访谈上。这也的确有道理，毕竟是领导者在负责运营，只有他们具备战略思维，分得清轻重缓急，重组才能稳步推进。但除此以外呢？领导者也是人，各有所欲，各有所长。他们可能会因为组织的某些部分不符合自己的个人目标或者所在业务部门的目标而将其视为企业的缺点。这种情况也是一种自然现象，见怪不怪，而且经常是主人翁心态的一部分。不过，这也意味着你需要基于客观事实，兼听多方声音，对他们的观点加以确证，或提出挑战。

领导者通常会凭借经验来看待现在的问题。一个从直线型组织中走出来的实操型领导，肯定会依照他的前线经验来理解问题。同样，这也是领导者能力的体现。然而，世界可能早已发生了变化。今天的一代有着极为不同的技能、态度以及期待。游戏规则可能已经变了，或者竞争对手采取了不同的策略。新的方法已经出现了。或者一个领导者是在某一特定区域成长起来的（比如亚洲），但现在负责美国的业务，两个地区之间固然有很多相似之处，但也必然存在许多不同的挑

第四章
步骤二：评估当前的优势和劣势

战。一个领导者可能在理智上很清醒，然而在情感上仍然受到早期经验的影响。

所有这些都意味着，当你在进行重组诊断时，你必须达别人所未达，见别人所未见，才能从不同的角度来理解各个事项。这意味着你需要透过中间管理层（即我们经常所说的难以穿透的顽固"黏土层"），直达第一线。而如果一个公司的业务横跨多地，这也意味着要理解各地之间的不同。英国邮政局的人力资源总监尼尔·海沃德告诉我们他是如何做的："在工作开始之后，我才感觉到对重组相关事宜的所知竟然如此之少。你不但要知道哪些角色位于何处，还要知道这些角色的作用是什么。当我们进行到这一步时，我们发现，的确有一个很大的冗余层需要清理，绝大多数部门根本不需要这些人。"

以我们的经验看，很多公司都存在以下三个事实。第一，领导层通常比一线更为乐观。第二，领导层和一线在很多方面都是一致的，但症结在于中间管理层，后者通常缺乏足够的变革动机。第三，通常美国和亚洲比欧洲更为乐观。当然，这些情况有时也不尽然。我们手上就有一个值得深挖的有趣案例。

在公司内寻找积极一面的同时，你或许还能为很多问题找到解决方法。假设我们现在是在一家消费品公司，现在销售职能运行有些问题。我们想要修复这个问题。从其他公司寻找解决办法并非好的选择，因为这有移植排斥的风险，但我们发现其中一个业务部门的销售做得比其他的都好。这时候我们就可以将这个部门的成功经验推广到公司的其他部门去。（对于艾米莉亚来说，她有必要研究一下美国业务部门，看他们是真的解决了很多问题，还是主观上的乐观。）我们甚至可以将成功部门的某些员工调到其他部门，以便于言传身教。这些做法，都要好过直接移植那些还没有完全吃透的外部经验。

重 组
麦肯锡变革方法论

只是和整个组织（或者整个组织的样本）对话往往是不够的。理想情况下，你需要在诊断分析上更进一步，去了解组织外围的想法。安永公司的前首席运营官约翰·费拉罗对重组主导者的建议是："要看到问题之外的世界，真正地了解利益相关者的诉求，看他们是否愿意推进彻底的变化。"为了做到这一点，我们鼓励我们的客户去倾听消费者、供应商以及其他相关方的意见，去了解他们对公司或者部门的期待。

陷阱 3：听信传闻

在收集重组信息方面，艾米莉亚可谓竭尽全力，但迄今为止，她所掌握的都是道听途说来的，公司领导告诉她的不过是他们自己的信念。当然，这也是事实的一部分，领导们的确是在如此思考（不过以片面观感行事的事情并不常见）。但这是不够的，你还需要把更多的客观事实摆在桌面上。重组的第一步提供了一部分事实：公司各部门表现存在差异。把这些事实和人们的言论加以对比，我们就可以做出一个非常简单的分析，这就是我们经常说的"（访谈中）领导认为有问题的"和"（分析得出的）真正问题所在"。按照这个思路，你可以创建一幅类似于图 4-1 的维恩图。这幅图是根据艾米莉亚的例子创建的。

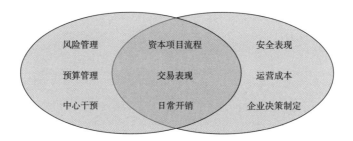

图 4-1 维恩图：领导认为的问题 vs 真正的问题

第四章
步骤二：评估当前的优势和劣势

　　这个分析非常有用，因为它能够指导你的行动。"领导认为的问题"和"真正的问题"交集部分正是关键点。右边一栏中，没有领导认为是"问题"的"真正问题"更棘手：这些可能是企业领导的盲点。你需要对这些变革原因做更为慎重的思考。对于左边一栏中那些领导认为重要但根本不重要的问题也不要掉以轻心。关注这些事情会消耗大量的时间和精力，却带不来什么好处。但为了获取领导层对重组的支持，你也可以在这些方面采取些许行动。不过，你必须在重组之初（实际上就是在这一步）就搞清楚，这部分绝非工作的重心所在。

　　同样重要的是理解业绩差异背后的原因，如果成本缩减是重组的目标之一，则更应当如此。首先，你需要确定哪些成本可以通过重组来降低，例如内部员工成本、承包商成本、主要受员工数量影响的成本（差旅费、办公费以及电脑成本等）、其他受制于员工数量的成本。此外，也可能有一些固定成本因素（例如建筑和培训）。关键的问题是理解这些成本产生的根源，以及如何解决这些问题。举个例子，在人力资源部门负责的薪酬和福利职能方面，你可以察看该部门实施的薪酬标杆调研数量，然后考虑是否可以减少这些调研的数量，或者提高其效率，或者两者兼有。如果找不到成本降低的关键所在，减下来的承包商和 / 或人员成本会很快反弹（更多的细节参见附录 A）。

　　要实现这一点，你需要通过结构化的调查来发掘企业潜在的智慧。之前我们提到要更深入地了解企业组织本身，这项调研任务则可同时进行。如果你有咨询顾问，可以使用他们现成的结构化调查工具。如果没有请外部帮手，你可以通过简单的方法自己创建这一工具：把企业组织的所有要素（流程、人员以及结构的方方面面）一一列出，分别印到卡片上，之后请受访者将这些卡片在一张"游戏板"上归类分组（例如分为"重大问题""不是问题""优势"等）。这种方法我们已

重 组
麦肯锡变革方法论

经使用多次，受访者利用它可以在短时间内区分出数十个问题，如此就省去了数个小时的讨论。它能够使你对访谈结果进行量化：人们在某些问题上是否达成了共识？是否存在利益分化（例如公司中心的受访者和业务负责人之间）？这种方法更有趣，也能够增进与受访者的互动。表4-1体现的是企业中心重组中涉及的组织问题，图4-2是一个议题卡，表4-2是一个游戏板。类似公司论坛等社交媒体是另外一个收集意见的重要渠道。有人经常反对说，这种方法会在企业中传播恐慌。不过，如果你还认为别人对重组一无所知，也未免太可笑。通常来说，询问别人意见也是寻求支持的一种重要手段（前提是你会听取他们的反馈）。

表 4-1 一个企业中心重组的问题样本

人

1. 协调未来战略
2. 明确企业中心的作用
3. 将时间和精力专注于真正重要的决策
4. 管理团队之间的协调一致
5. 及时决策和达成共识之间的适当平衡
6. 统一中心决策与地方自主的适当平衡
7. 对决策的建设性挑战
8. 决策的分析严谨性
9. 企业愿景的建立和传播
10. 企业中心对业务部门的指导
11. 企业中心推动的文化
12. 企业中心确立和示范的行为
13. 战略能力
14. 规划能力
15. 人力资源能力
16. 财务和会计能力
17. 商务能力

（续表）

人

18. 分析能力（如网络建模，预测）
19. 运营能力
20. 资本项目的能力
21. 承包和采购能力
22. 政府关系和其他利益相关者管理能力
23. 监管能力
24. 客户管理能力
25. 风险管理能力
26. 支持群体策略服务发展与实施的组织结构
27. 实施人力资源活动的组织结构
28. 实施财务活动的组织结构
29. 支持合同和采购的组织结构
30. 实现秘书职能的组织结构
31. 处理对外关系的组织结构
32. 处理监管相关事务的组织结构
33. 为业务提供交易服务的组织结构
34. 明确企业中心与业务的责任分工
35. 明确管理团队内部的责任分工
36. 企业中心为业务提供的共享服务
37. 在企业中心建立卓越中心
38. 企业中心活动的地点
39. 企业中心在业务中发现的风险
40. 企业中心的规模和能力

流程

41. 战略制定过程
42. 优先事项和业务规划
43. 投资优先事项和批准程序
44. 资本项目交付流程
45. 合同和采购流程
46. 人才吸引和发展流程
47. 员工参与
48. 安全流程
49. 财务流程
50. 风险管理流程
51. 绩效衡量和管理流程
52. 标准制定和保证程序

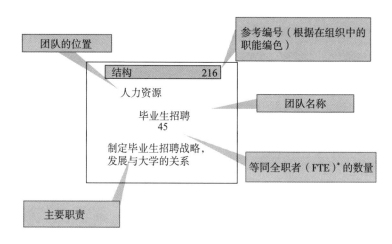

* 等同全职者：一周工作三天，相当于 0.6 个全职者。

图 4-2　议题卡

表 4-2　游戏板

FTE（重）	核心运营（重）	战略优先（重）	必要支持功能（重）	问题（重）
FTE（中）	核心运营（中）	战略优先（中）	必要支持功能（中）	问题（中）
FTE（轻）	核心运营（轻）	战略优先（轻）	必要支持功能（轻）	问题（轻）
	核心运营	战略优先	必要支持功能	问题

　　了解了以上三个陷阱，现在让我们看一些真实的制胜案例。

制胜之道 1：确认需要保持的优势

　　一家亚洲石油和天然气公司正在进入挑战时期。最近该公司收到了来自国际合作者的一大笔投资。尽管企业过往表现抢眼，但这家公司的两位创始人和其国际合作者都对该公司近来的表现感到失望。很明显，规划、勘探以及资本项目设计都需要改进。联合创始人任命了一位项目经理，要求他找出当下问题的根源所在以及过往成功的原因。

项目经理遇到了文化上的难题：亚洲的公司重视荣誉，加上地方市场高端人才供过于求，害怕失去工作岗位的雇员因此都不愿意说出实情。这种沉默既不利于他们自己（他们缺少授权，倍感失望），也成了公司领导的一个难题（当没有人说出实情时，领导们只能自行努力）。文化的挑战让人很难发现组织的缺陷到底在哪里。

与此同时，来自国际投资者的借调人员也带着自己的文化包裹来了。他们中的很多人只看到了亚洲公司的缺点。在他们看来，只有公司全部西化，一切才会好起来。但事实上，在决策速度、创新、合同成本管理、项目交付速度等方面，亚洲公司有太多值得这家外国伙伴去学习的了。

项目经理找到我们，希望我们帮他适应这两种文化，并找出真相。针对亚洲公司，我们采取了一系列的调查和跨部门一对一访谈的方法。尽管这些员工不喜欢在公共场合表态，但在一对一的环境中及确保保密的情况下，他们都会开诚布公地谈论企业的优劣势。劣势是不同职能之间缺乏配合，没有正式的风险评估程序，以及缺乏授权（伴随公司运营的扩张，让高层领导对所有问题拿主意早已不现实）。与此同时，我们也了解了公司的优势：高层领导决策果断，有求必应（相比之下，国际公司要官僚得多），决策执行迅速（远超国际同行），公司技术人员素质过硬。我们没有按照一般做法，仅将这些内容放在幻灯片上演示，相反，我们把包含有相关研究、数据以及受访者谈话（包括多个受访者涉及的多项话题）的内容制成海报。这家亚洲公司及其国际伙伴的高层管理者在展厅里认真研究这些海报及其包含的意义，毕竟有很多内容是他们第一次看到。

保持公司优势非常重要，也正是因此，我们知道，设计未来组织的关键在于让这家亚洲公司在不伤害自身优势的同时，从国际合作者那里获得改变劣势的能力。这就意味着，任何引入该公司的新流程，都必须进行大幅修订，以使其能够适应不同的文化环境。

制胜之道 2：兼听则明

我们曾接手过一个消费品公司项目，这家公司之前的表现非常好，长期拥有高度创新的产品。然而，近年来它的创新停滞，对手却在崛起。领导团队对销售额下降这件事一清二楚，却无法理解组织表现为何在衰退，为什么决策的时间越来越长，为什么高管层收到的新产品建议越来越无吸引力。

为了发现最重要的问题，我们首先在组织内进行了广泛调查。上面我们提到，一般的管理层往往过分乐观，但这家公司的高管却比中层或一线员工悲观得多。我们在不同的层级进行了一系列的访谈，调查了某些流程的问题严重程度，这些进一步的探究让我们发现，领导层之所以更为悲观，是因为他们更清楚公司与竞争对手的关系，他们知道自己的处境不妙！

这个调查让我们清楚地看到了事情的真相。组织的各层级存在大量的重复劳动，大区又在重复全国一级乃至全球的工作。这令组织中的每一位成员感到沮丧，而这也意味着公司决策效率极低。重复劳动不是唯一的问题，例如，公司的绩效管理也存在问题，尸位素餐的漏洞一直得不到解决，而这也让员工缺乏上进的动力。但无论如何，重复劳动是其中最主要的问题。

企业可以通过流程变革来解决这个问题，如此一来，员工就能够清楚知道每一步的职责。但问题在于这可能只是一种临时的修复。组织中有如此严重的职责重叠，因此不用多久，整个流程肯定再次变得复杂起来。因此我们的建议是进行一场更为激进的修复：全面废除大区，让各国分公司更具自主权，加速决策进程。尽管这样的变革推行起来很困难，但由于经理人的权力因此增加，猜疑减少，它也就能创造更多更充实的角色。之后我们简化了许多主要流程（如产品创新），以使其能够适应新的结构。这些变革将产品创新的周期从 14 个月缩减到了 6 个月。

制胜之道 3：客观分析

另外一个案例是一家快速增长的亚洲零售商。我们照例进行了调研，以了解该公司的优势和不足。过去几年，通过在各国的特许经营扩张，该公司的收入以每年 200% 的速度增长。但后来这家公司的快速增长突然停滞。我们的调查显示，随着公司特许经营品牌的不断增加，该公司需要做出的决策也日益增加。之前，公司的整个决策流程并不正式（几乎所有决策都是直接由首席执行官或首席财务官审批），但如今，这一流程已经像高速交通一样拥堵不堪。以前可以在一天内解决的事情，如今要花上一个月甚至更长时间，高管们为此身心俱疲。

我们又进行了一次调研，获得了进一步的信息：离企业总部近的国家分公司，比那些距离远的国家分公司更加不开心，而且这种情绪相当严重。于是我们开始收集数据，以期找到背后的原因。

我们发现，同那些离总部更近的国家分公司相比，距离更远的国家分公司获得了更多的委派任务，而且这些任务都非常清晰。而靠近总部的各国分公司却职责不清，一方面要承担自己的任务，另一方面还要服务总部。当决策效率高的时候，这还不是问题，但随着公司的发展，这就变得越来越棘手。对此的解决方案是厘清自己的职责，明

重 组
麦肯锡变革方法论

晰自己的决策权限（实际上，某些漫无边际的操作需要的是更多的监管，而非更少）。

实际上，正如我们向首席执行官解释的那样，该公司还在使用小创业公司的治理结构来经营大企业。例如，总公司附近国家的零售商店的标志如何安排，还要由首席执行官亲自做决定。对于超出一定规模的企业来说，这显然是不可持续的，然而该公司现在最需要的恰恰是为规模化增长做好准备。我们认识到，公司需要重新检视每个区域市场（实际上，也包括每个功能部门和业务领域），因为各地的情况从来不会整齐划一。在决定如何修复漏洞之前，我们要以事实为基础，对所有的检视结果做出客观评估。

回到约翰和艾米莉亚的跨国企业重组：这一步是否可以有其他的可能性？让我们来看另外一种场景。

艾米莉亚已经清楚了解重组的目标所在，下一步是要了解等待她进行手术的病人：哪些部位是健康的，哪些部位出了问题。她召集了一支规模更大的团队，一起对公司的现状进行解剖。她要确保覆盖所有关于人员、流程以及结构的问题，将公司的每个部门都考虑在内。例如，关于资本项目，她所列出的分析事项如下：

• 内部资本项目团队的能力（人员）

• 承包商的工程，施工和采购能力（人员）

• 企业中心的投资决策（流程）

• 资本项目规划（流程）

• 资本项目执行（流程）

第四章
步骤二：评估当前的优势和劣势

- 资本项目的组织结构（结构）
- 资本项目中不同职员的角色分工（结构）

　　她也对所有其他领域做了此类分析，包括零售、交易、运维、采购和后勤的方方面面。没用多久，她就列出了 40 条潜在的优势和劣势。尽管她自己对公司十分了解，但从各部门抽调专家进入重组团队也被证明是一项必要之举，他们帮助艾米莉亚发现了被忽视的领域，并且每一项的表达都能被普通员工所理解。

　　接下来，艾米莉亚开始思考如何将这套诊断方法付诸实施。她为公司的领导安排了访谈，并将各种问题印到卡片上，这样受访者可以将这些问题按照"真正的优势"（限 5 张卡），"不成问题"以及"劣势"（同样限 5 张卡）分门别类放到游戏板上。这一过程只需要 20 分钟，之后的一小时则是访谈时间，主要是请受访者谈一下他们对优势和劣势的理解。访谈结束时，艾米莉亚会让每位领导推荐 5 名一线员工，看谁能就这些问题接受访谈。

　　对于其他的大多数员工，艾米莉亚采取的是网上测试的方式。她利用互联网调查工具设计了一个小测验，然后让大家在网上进行问题分类。她还在网上开辟留言区，以方便参与者评论。

　　为了鼓励大家说实话，除了参与者地理位置、所属业务部门以及级别等有助于分析的数据，其他数据都是匿名的。艾米莉亚将这个调查随机发给了覆盖公司所有部门的 200 名员工。调查周一上线，截止日期设在周末。（艾米莉亚认为，鉴于运营压力，调查要么马上做，要么就不做，因此给的时间太长也毫无裨益。）她在整个过程中监测参与者的数量，并且一直在鼓动大家参与，某些参与不积极的部门的领导也对员工发了话，调查最终得到了 60% 的回复率。她决定将调查再延

重 组
麦肯锡变革方法论

长两天，并且持续跟踪，最后得到了 80% 的回复率。

与此同时，艾米莉亚要求其团队对第一步明确的业绩差异问题开展进一步的分析。她首先和他们开了一个讨论会，向他们解释价值驱动树（对每个部门各组成部分盈利能力的分解）的概念，这一框架更强调人力成本和收入增长所需的能力。考虑到公司的实际文化，艾米莉亚拿出了她事先准备好的两个公司业务部门具体实例：一个是美国整体业务，另一个是中心财务职能。她要求团队分析每个业务部门和职能的财务表现，以便于理解成本和收入产生自哪里，以及一个部门是如何拖累其他部门业绩的。她给团队两周的时间去完成这个分析。

三周之后，艾米莉亚已经做好了向约翰及整个领导团队汇报的准备。艾米莉亚不打算和往常一样做一个无聊的展示，而是另辟蹊径。在例行管理会议之前的一个小时，她把管理团队请到了会议室，让他们自己阅读墙上那些关于分析结果的海报。这些海报已经做了结构化处理，将得出的关于整个公司的见解分成了 5 大类：

1. 美国和欧洲有不同的挑战。
2. 领导比员工更乐观。
3. 流程的问题比结构更为严重。
4. 潜在的收入机会和成本缩减一样大。
5. 公司总部和各业务部门对优劣势有着不同的见解。

海报上既有对各种调研结果进行总结分析的图表，也有各种生动的引语（艾米莉亚精挑细选的都是一些被经常提及的要点）。她请约翰和其他领导在房间里按自己的喜好随意浏览这些海报，然后就这些材料得出自己的结论。

海报上的信息让领导们深感震惊，其中的很多内容是他们从来没有意识到的。最后约翰做了总结发言，其他领导纷纷响应。之后艾米莉亚又建议向更多员工展示这些详尽的海报。不过约翰对此有些许顾虑，他担心海报上的信息会影响员工信心，更怕向媒体走漏风声。但他同意将调研的结果简要公之于众，让员工明白他们的付出没有白费。

步骤二过程中的沟通技巧

记住，第二步的沟通也必须从了解对象的需求出发，这一点和第一步毫无二致。

员工和领导的需求：在这一步，你的重组团队开始和组织进行互动，展开分析，推进访谈。员工会想要知道这么做的原因何在。如果有些人参与了这一过程，但又发现自己的同事并未涉及此事，他们会担心是不是自己的饭碗要保不住了。一旦员工或者领导开始认为自己的地位不保，那些水平最高和最具潜力的人（他们可以很容易地从竞争对手那里得到职位）就会开始更新简历，考虑其他选择。如果领导者发现自己被重组过程拒之门外，他们或许也会开始暗中展开破坏。此外，由于员工通常都与供应商、客户以及其他外部利益相关者保持着密切联系（理应如此），因此重组的消息也可能会走漏出去。

沟通什么：从上一步开始，你应该知道哪些领域是重点调研对象，哪些不是。按照我们在本章的建议，你应该将企业组织的优势和劣势研究清楚，而这也会对你与组织的互动产生影响（在这一步，沟通的难题多数源自团队只调研了公司的"问题")。在这一步的开始你就需要告知大家,你的重组团队会向组织中的某些人寻求帮助,以及组织的哪些领域会是你的重点。你也需要给大家解释为什么这些领域会成为重点:如果你不把这个问题解释清楚,大家可能会认为你入手的地方就是最有问题的地方、最需要裁员的地方。为应对内部或外部的问询,你的管理、重组以及销售团队应该准备一套口径一致的应答话术。在这一步的结尾,你应当和大家分享你的分析结果——或者至少是一个大概。这不仅让参与者感到努力没有白费,而且也强化了你的承诺:即便发生变革,你也会保护好公司的优势。

如何沟通: 除了需要让首席执行官或者相关部门的领导对组织发布整体公告,你也应该尽可能让所有领导在其团队内部传播消息。我们在本书的开始就强调了信息追踪的重要性:发出的信息是否被阅读?大家的反应是什么?得到了哪些反馈?对这些问题的答复又是什么?这些问题都需要追踪。你的重组项目经理需要习惯于在项目会议上发问:"多少人收到了上一次的信息?""大家的反应是什么?"如果项目经理不去追踪信息的接收和反馈,那他很可能只关注信息的传递,却忘记了结果的收集。

步骤二总结

陷阱	制胜之道
·只关注劣势	·确认需要保持的优势
·只听领导的	·兼听则明
·听信传闻	·客观分析

如何在自己的组织中运用这些策略？

- 对当下组织的调研，应首先在全组织专家的参与下确定相关的要素。以结构化的方法，通过卡片分类、调查或者社交媒体等途径来考察企业的优势和劣势。要确保你的方法得到全组织的参与，其中既要包括最高级别的领导，也要有一线员工，既要跨越不同的地理区域，也要包含中心及各个不同的业务部门。

- 务必了解业绩差异的原因何在，尤其是那些增加人力成本的行为。记住，要想可持续地降低人力成本，就必须改变或减少相关的行为。认真考察那些与降低人力成本相关的事项（办公科技，设施，培训以及差旅等），如此才能有效降低人力成本。平衡不同来源的数据，确保你的事实基础经得起推敲。附录 D 中的类似于图 4-1 的模板可帮助你找出组织中的关键问题。

- 以最有力的方法向公司领导分享你的分析结果（例如，以画廊式的漫步浏览取代平铺直叙的演示）。使用原始数据，但要将其结构化为更通俗易懂的各类主题。确定哪部分内容可以在整个组织内进行更广泛的传播。最起码应当分享调研结果的梗概，让员工相信公司的确已经倾听了他们的反馈。

第五章

步骤三：选择最佳方案

终于找对路了……

现在我们到了谈论选择新组织模型的时候，这也是很多人心中最为重要和复杂的重组内容。毋庸置疑，这一步很重要，但现在你也知道，前两步的重要性也毫不逊色，而很多的重组失败，正是因为前期没有做好准备，第三步进入得太快。你也会发现，之后的工作只会越来越难！第三步最为关键的部分是做出选择，因此你必须找到适合自己企业的最适当的决策方式。欧洲复兴开发银行的汉娜告诉我们："当我们改变企业结构时，我们必须充分考虑到我们的文化。我们开始重组后，曾花费大量精力用于建立共识，但之后我们才意识到，关于结构的部分决策只能自上而下制定，当尘埃落定之后，你再让领导者自行决定如何在各自领域实施这些决策。"

在直接启动第三步之前，请回答如下问题，以了解当前是否已经做好准备，或者过去做得是否已经足够好。

你对企业组织的哪些领域做了设想？

    0. 一个高屋建瓴的概念（例如，一张总括性的组织结构图），但还没有分解为具体的汇报线。

    1. 组织结构（框线）。

    2. 组织结构和人员问题（人员数量，能力及行为表现）。

3. 组织中的人、流程以及结构。

是否有考虑一系列真实可行的选项？

0. 从一开始我们就知道需要转向一个目标模型（例如，围绕市场重组）。

1. 我们考虑了三个大家各有臧否的选项，其中的一个有明显的优势。

2. 我们考虑了几个选项，每个选项都适合我们。

3. 我们考虑了适合组织不同部分各个细节的选项（而不只是宏观概念）。

你是如何对待领导层的不满和反对意见的？

0. 我们首先将讨论限定在一小群思路较一致的领导者中，之后才扩展到其他领导。

1. 我们访谈了所有领导，尽力将他们的观点反映在方案选项中。

2. 我们首先做了一些准备工作，然后将所有的领导纳入讨论，让他们给出各自倾向的方案。

3. 我们进行了多次领导层讨论，因此我们的方案是在过程中而非结束时形成的。

接下来你知道该干吗了（如果你是直接跳到这一章的，那就请倒回去阅读前两步；你会知道它们的重要性）。统计你的得分，然后进行评估。7~9 分意味着你做得不错，不低于 5 分也还不赖，但如果低于 5 分，你就需要好好阅读这一章了。

重 组
麦肯锡变革方法论

现在，让我们一起透过艾米莉亚的例子反思一下自己的情况。

艾米莉亚的这一天过得很糟糕。如今，每次听到重组这个词，她都会感到后背发凉。在了解公司优劣势的过程中，她感到新组织的设计正在越来越远离她的初衷。

早上，艾米莉亚和约翰以及两位外部顾问，凯文和阿尔，一起开了个会。两位顾问都是首席执行官推荐的。这两位的公司拥有丰富的与能源客户合作的经验，因此艾米莉亚希望能从他们那里获得新组织设计方面的帮助。艾米莉亚和两位顾问花了两个小时对其他电力企业的汇报结构做了研究。但问题在于艾米莉亚不知道这些公司的实际运行方式到底如何：在她看来，所有的结构都大同小异。凯文和阿尔也不清楚细节问题，他们能够在宏观层面对不同模式之间的区别做出清晰阐述，但一旦涉及职责如何分配、每个部门需要多少人力这两个艾米莉亚最需要了解的关键问题时，他们同样一筹莫展。

不过，约翰认为他们的讨论描绘出了一系列可选的汇报结构，因此具有建设性。按照凯文和阿尔的建议，他们将焦点放到了组织的前三层上。他们分析了一系列选项，并最终选择了顾问所称的职能矩阵模型。在讨论过程中，艾米莉亚意识到，如果按照这种模型进行重组，则意味着需要增加新的高层领导（一个资本项目全球负责人和一个安全负责人）。她担心这种方案会同重组的减支主目标相背离：如果重组的第一项动作是增加高层领导人数，大家会怎么想？不过，凯文和阿尔却向她保证，新模型所带来的效率足以说明这种投资的合理性：使用这一模型的公司获得了更高的得分。约翰似乎已经被这种说辞说服。

同顾问的会议结束后，约翰同公司中所有的盟友开了一个电话会。

第五章
步骤三：选择最佳方案

参会人士无论男女都是改革的热烈支持者，当然，作为项目经理的艾米莉亚也在受邀之列。约翰要求把守旧者排除在外——那些分公司的负责人都过于墨守成规。他在会上说，他会保持这一团队的秘密性，与最信任的盟友和顾问们并肩作战，然后再将此事的结果"告知"其他下属——顾问们以前都是这么干的。

电话会议内容严格保密，但几个小时之后，艾米莉亚就接到了电话。来电者是某国市场部门的总经理加文，他想了解一下关于新职能模型的事儿。显然，电话会议的内容已经被故意泄露或者某些人没有把住口风！当然，加文第一个知道这事儿也不奇怪，他在公司服务多年，组织内人脉极为深厚。艾米莉亚向加文保证并没有对他进行夺权之类的计划，除了降低成本，重组的主要目标是创建某些新的中心功能，为公司带来最佳实践建议。艾米莉亚告诉加文，这些变革只会对他及他的团队有利。另外，她也说，目前关于重组尚无任何细节，一旦计划更为成熟，首席执行官会召集所有管理团队召开全员大会。

艾米莉亚坐在桌子旁，思考着同顾问一同开展的工作以及刚才与加文谈话的要点。她开始担心了。新组织结构如何实现成本削减的目标？其他的领导者和员工会对新的职能角色做出何种反应？安全职责深入组织各处，新上任的安全负责人如何解决职责模糊的问题？中心项目负责人是一个之前没有考虑过的职位，如果各项目团队无视顾问们画下的新组织架构框线，仍旧向各国的总经理汇报，那么这个新的角色如何才能对基层团队发号施令？[8] 艾米莉亚陷入了困惑。她之前已经听说重组是一件痛苦的事。如今她开始有点明白为何如此了。

艾米莉亚的经历是否让你有一种似曾相识之感？她做了什么特

别蠢的事情吗？并没有。她遵循了大多数重组的步调。但艾米莉亚没有认识到的是，她这一天的糟糕程度其实早已超出了她的想象。她和顾问们犯了三个重大错误，并且为未来可能出现的更严重问题埋下了伏笔。

陷阱 1：漏掉前两步

艾米莉亚和团队没有掉入这个坑，但很多其他的重组领导者却没有这么幸运。他们没有确定重组的价值所在，也没有将其和公司所面临的特殊挑战相关联。相反，他们设计新模式的基础，不过是最新的理论或者是来自竞争对手或类似行业的最佳实践。这样做的结果不过是制造出一个没有清晰收益模式的组织。往好处说，这种变革产生不了任何价值，但也不会造成过大的伤害。但如果问题严重的话，这也会造成器官排斥。避免这种陷阱的方法很明确：你必须好好完成前两步。前两章解释了这两步如此重要的原因。（希望你不是直接跳到这里开始阅读本书的！）

陷阱 2：只关注框线设计

到目前为止，艾米莉亚、约翰以及他们的顾问都只讨论了重组的一方面：结构中的各个角色直接的汇报线。正如泰晤士水务公司的劳伦斯·戈斯登所言："画框线是一件简单而又可行的办法，对于那些急切见到成果的人而言，这非常具有吸引力。但是你不能止步于此，因为你还要去理解商业的流程，之后还要有关于人和文化的讨论。"

为什么超越组织结构框线图如此重要？不妨思考一下足球队的例

第五章
步骤三：选择最佳方案

子。你的球队（比如利兹联队）表现很差劲。作为最新上任的球队主教练（之前也走马灯似的换过几个了），你需要提升球队的表现。于是，你按照商业重组的一般流程，只是把球队阵型从 442 变成了 433。你变阵的原因是世界上最好的球队之一巴塞罗那队就是采用的 433 阵型（一种最佳实践）。

但变变阵型就能解决你的问题了？当然不可能。你还需要解决组织另外两个方面的问题。首先，你需要提升球员的技能和表现，目前的球员需要强化训练，此外也要引进一些新鲜血液。你也可以想方设法提高球员的积极性（例如，1961 年，当时的利兹联队主教练唐·里维把队服的颜色从黄兰搭配变成了皇家马德里的白色，为的是鼓励球员能够像皇马一样踢球）。第二，你需要提升球队的团队表现：如何过人，如何组织进攻，如何回防，等等（在商业上，我们通常把这些叫作流程）。这两个非结构性的因素或许比团队的组织结构更为重要，毕竟使用 433 阵型的球队有好球队也有坏球队，442 阵型也是如此（对于最佳实践，仁者见仁，智者见智）。实际上，是球员和球队的打法决定了阵型，而不是相反。

和足球队一样，所有的组织都需要考虑三大维度：人、流程和结构。其他组织参与者会使用不同的框架（还有一些人甚至会就此著书立说），但也大同小异。无论如何，最重要的是建立一套完整的组织分析框架（见表 5-1）。

我们认为，组织的三大维度之中，人员和流程是最关键同时也是最容易被忽视的。原因很简单。之所以要重组，用通俗易懂的话说是为了鼓励大量的人员用不同的方法带来更大的价值（高营收，低成本，更好的投资回报，等等）。请抛掉听过的各种行业术语（目标运营模型，最佳实践，组织发展，变革管理，等等），记住这个目标就行了。

表 5-1　选择重组模型时需要关注的领域

维度	重组中需要关注的领域
人员	·人员数量 ·能力和经验 ·心态和行为（包括动机）
流程	·管理流程（策略，风险，资本配置，业务规划，绩效管理，人才吸引和发展，等等） ·业务流程（技术与研发，资本项目，运营和维护，市场营销，销售，等等）
结构	·治理和授权 ·汇报线 ·角色描述或者职位信息

　　这并不是说结构无关紧要：如果不同团队和角色直接的职责分配不清晰，就必须改变结构（下面的一个例子会说明这个问题）。不过，只是换个老板（或者在一个大型组织里，一个老板的老板的老板）并不能改变人们的日常工作方式。试想一下，如果明天你去上班，发现自己的老板从朱迪变成了艾哈迈德，你的行为就发生变化了吗？不太可能。这一简单的问题经常被忽视。当重组无法深入下层时，领导者经常会安慰自己说："一线员工未受影响，这说明重组风险得到了有效管理。"但其实他们不如说："重组没有带来任何价值，因为一线员工没有发现变革的必要性，明天他们会继续按照今天的方法行事。"

陷阱 3：押注一种方案

　　在咨询顾问的怂恿下，艾米莉亚和约翰同样落入了另外一个常见的陷阱——单纯效仿竞争对手的"最佳实践"，只为重组设计一套解决方案。商业领袖真的会照搬照抄其他行业的方法吗？假如你想进军中

第五章
步骤三：选择最佳方案

国市场，难道复制粘贴竞争对手的战略，拿几页 PPT（演示文稿）做说明就能搞定？

对于艾米莉亚所在的公司而言，重组的可行方案可能有很多种（她应该避开的糟糕方案也一样多）。多考虑一些选项有助于她和约翰看到不同选择的优点和风险。他们可以认真地加以对比，然后找出最适合公司情况的选项。实际上，考虑多种选项最终所带来的经常是几种选择的最佳组合。在我们的经验中，一开始就选定单一方案往往意味着糟糕的事情即将发生。领导者往往会在重组进行到某个时刻才想起某个可选方案的好，但此时往往为时已晚。项目团队或许会被要求调整设计方法，以加入某些可选方案的优点，然而这种最后一刻的调整往往都会思考不周，略显混乱，以至在最后的时刻出现很多让人难以理解的问题。

在第一步和第二步收集问题信息然后设计解决方案，是重组过程中最具挑战性的部分。这是第一处既需要演绎思维（X+Y=Z），也需要归纳思维（我们试个完全不同的，例如 A 怎么样？）的地方。这个时候，经验的作用就显得极为重要。不过，我们还是相信你可以通过学习来掌握科学的方法，为你的首次或者第二次重组做好准备。实际上，重组有两种不同的途径。

自上而下——发展出一系列概念，确保这些概念能够概括新模式的工作方式（人员和流程）及其大致形态（结构）。与此同时，确定大概 5 个标准，这样就可以对依据步骤一和步骤二得出的选项进行评估（例如，降低成本的程度，强化职责的程度，最小化人力成本的程度，以及与组织现有文化的适应程度），对比各种概念的不同。适合自上而下方式的企业，要么需要彻底的转变，或者其现有组织遭到了彻底破坏，或者两者兼而有之。表 5-2 列举了几种典型的自上而下的企业级重组方式、运用的时点以及每一种选项面对的挑战。没有万能的方法，你只能从中选择最适合企业战略和文化的方案。

表 5-2　典型的自上而下重组方案

组织类型	特征	善于解决痛点	需要管控的挑战
地理/区域市场导向	·一系列地方业务，每个地方业务有地方上的负责人，五脏俱全	·盈亏意识/专注利润 ·因地制宜	·不愿接受全球路径/各自为政
价值链导向	·在全地域内按业务步骤进行部门拆分（例如研发、产品开发、销售）	·专注于长期及短期业务表现、盈亏意识（虽然有些意思是负面的）	·跨区域管理，跨时间框架优先安排次序
职能导向	·在全地域内按活动进行部门拆分（例如资本项目、运营、业务拓展等）	·职能的协调一致 ·质量/安全提升	·缺少盈亏意识 ·决策拖沓
产品导向	·按产品设置团队，每个团队具备全部必需功能	·产品开发速度 ·跨领域合作	·服务同一客户的多产品衔接 ·本地化（尤其是同销售的对接）
项目/议题导向	·按照项目或议题组织团队（例如IT咨询建设组织、政府部门）	·面向客户需求/收入导向的活动 ·建立团队的壁垒	·缺乏长期的学习能力 ·陷入一个项目（也不算糟糕至极的想法）

自下而上——不寻求发展总体概念，而是头脑风暴出一系列改进理念，实现预期收益，同时克服组织的劣势。这些理念可能涉及人员、流程或者结构，也可能是相关组合（合并A和B团队，减少一层管理，将活动X的频率降低50%，提升流程Y，等等）。从收益、成本（包括人力成本）以及可行性三个角度对这些理念加以分析，通过管理层讨

论，决定哪些要提前，哪些暂放一边。改进理念出现之处，正是组织需要变化之处，其他的部分则无须改变。这一方法适合于那些运行总体顺畅但个别领域需要调整的组织。表 5-3 展示的是一些潜在的效果与效率兼得的自下而上式重组方案。自下而上的重组，其秘诀不在于产生一般的方案，而是适合当下形势的具体方案。这是此种方法的主要好处。

表 5-3　潜在的自下而上重组方案

效果	效率
·替换 / 轮换领导 ·任命高管 / 委员会以驱动主题 ·培训工作人员 ·设定目标和指标 ·重新设计流程 ·明确责任 ·明确团队之间的接口 ·责任合并归一	·拓展管理范围，控制 / 移除管理层级 ·内包 / 外包作业 ·引入精益流程 ·移除活动 ·降低活动频率 ·使作业中心化 / 离岸化 ·使作业自动化

无论是自上而下还是自下而上，如果你期望的是一场彻底变革，那就有必要求诸外部专家，寻找创新理念。你可以求助于其他组织的同仁、学术机构、文献，或者见多识广的咨询顾问。但记住，无论你咨询了谁，重组的设计都只能量身定做——我们强烈反对复制粘贴式的重组设计。

两种方法的例子下面都有。在艾米莉亚的案例中，她采取的是一种自上而下的方法（多数的实质性重组也是如此）。但是根据步骤一和步骤二的结果，她其实应该考虑一下自下而上的方法，因为她所在的组织，只是有个别部分运行不畅。

陷阱 4：绕过顽固的领导

躲开顽固的领导，是一种极易感染的倾向。一位有重组经验的高管曾经告诉我们："我们需要从高层利益相关者那里得到更多的支持，与他们一路同行。但真实情况是我们从一开始就准备将他们孤立在外了，后来也是这么做的。"不过，避开顽固的高层利益相关者是绝对的错误。约翰就试图这么干，但结果呢？其中一位顽固的领导察觉了，艾米莉亚和她的团队也因此陷入了被动。你觉得你能不走漏风声，但实际上办公室的流言总是远超想象。没有例外。

俗话说得好，宁可让领导人站在帐篷里往外撒尿，也好过让他们站在外面往里撒尿。① 将所有人包括在内会让讨论变得更为艰难，但也有两个明显的好处。第一，领导人会认为他们的意见得到了聆听和尊重，而这比最终结果如何更为重要（结果可能符合他们的偏好，也可能不符合）。在某次充满争议的重组快结束时，一位业务领导人告诉我："我并不赞同这个重组设计，不过决策过程让人无法反驳，我有感受到自己的关切得到了重视。"这算是我们收到的最高评价之一了。

让顽固的领导加入队伍还有一个好处：你可以从他们那里学到很多别处学不到的东西。你可能会因此对这些领导心生更多的敬意。荷兰威科集团的南希·麦金斯特里告诉我们："让我震惊的是，我在起初不看好的一些领导，却经常能胜利地走到最后。"当然，你团队中的某些人可能就是不适应变革，迟早与你分道扬镳，但那是后话。现在就把他们隔离出去毫无益处。

敦豪国际快递公司供应链人力总监罗布·罗森伯格告诉我们："甬

---

① 原话来自美国总统林登·约翰逊对当时联邦调查局负责人胡佛的评价。——译者注

管组织结构如何，除非领导们相互信任，休戚与共，否则什么组织蓝图都没有意义，都不会好使。我记得当年在设计蓝图时，我们尽量保持了耐心，同领导们进行了一轮又一轮的讨论，现在看来这一切都非常有效。领导们接受了我们最终的决策，并且认为决策中包含了他们的声音。"

按照我们的经验，某些领导会在一开始就有很强的对立情绪，然而一旦意见得到倾听或者立场被改变，他们就可能成为变革的坚定拥护者。毫无疑问，这些领导人会全情参与重组过程（那些被动参与这一过程的领导者，其表现要糟糕得多），而且会在意见得到聆听的情况下成为变革的积极支持者。

下面我们会用一些案例来展示避开上述几个陷阱的制胜之道。针对第一个陷阱的**制胜之道 1 特别简单：切勿漏掉前两步！**

制胜之道 2：关注人员、流程以及结构

本书的所有原则适用于大型企业，也适用于小公司。我们以一个家族式普通牙医公司为例来说明这一点。马里亚姆在其家乡买了一家有两个手术台的牙科诊所，来这个诊所的病人都非常满意其服务。但即便如此，这家诊所一直在亏钱。由于附近还有两家牙科诊所，这使她很难吸引到新客户。

在查过账目、和员工开过会之后，马里亚姆认为需要提升业务效率。然而她也坚持认为，在提升效率的同时，医护质量不但不能下降，反而应该得到提高。马里亚姆根据会计提供的同类诊所的标杆分析数据，为自身业务设置了盈利目标（参见步骤一）。之后她又分析得出了业务表现不佳的三大主因：第一，人员利用率不高（牙医的工作间歇

重 组
麦肯锡变革方法论

太大）；第二，在不必要库存上的支出过多；第三，在诊断治疗时间以外与病人的沟通过少，导致病人看病间隔时间过长（参见步骤二）。加强和病人的沟通，不但能够增加收入，也能改善他们的健康。

　　幸运的是，马里亚姆的一位朋友安迪，有过将牙科诊所起死回生的成功经验。一天午餐时，安迪向马里亚姆解释了他的做法。首先，他设置了一个办公室经理的职位（由他信任的妻子担任），所有的前台和护士都要向经理汇报。此外他还引入一名卫生专家，此人能够承担诊所日益增长的工作，比牙医更懂得优化流程、节约成本。这样一来，牙医就可以专注于更为复杂的工作内容。安迪向马里亚姆保证说，如今这些方法已经是业内的最佳实践。安迪最近参加了一个全国性的会议，他发现如今所有最好的牙科医院都采取了此类改进举措。

　　马里亚姆是否应该采纳安迪提出的最佳实践模式？这套方法显然对安迪很有帮助，但是马里亚姆也有自己的顾虑。所有牙科诊所的主要目标都是治疗和护理病人，但这毕竟是个生意，需要生存发展。安迪诊所的规模是她的三倍，而且主要面向公关部门的合同客户。他的主要问题是增长而非效率问题。如果马里亚姆采取了安迪的建议，员工效率就难以得到改善。这样的重组只会带来不必要的等级以及相互的嫉妒，增加成本。

　　马里亚姆决定按照自己发现的问题来设计重组。他改进了病人预约的流程，以便于前台更好地理解病人所需（流程和人员的解决方案）。这提升了资源利用率，不过仍未能完全解决间歇过大问题。于是她进一步缩减了牙医和护士的可用时间（其中一个手术台被每周停止使用两天），以进一步优化资源的利用（人员解决方案）。马里亚姆然后又将目光转向成本问题。她更新了库存的预订流程，要求达到某一数量或者价格的订单都需要由她亲自批准（流程）。她对前台和护士进行培训，要求她们在预订新用品前，先充分利用现有的存货。最后，在和患者沟通方面，她也对前台的职责做出了新要求，并设定了清晰的用户沟通目标（最后这一步是一个结构性解决方案）。

实施如上措施之后，一年之内，马里亚姆就将诊所的利润提高了三倍，病人的护理质量也得到了提升（这得益于更好的患者沟通以及定期检查的增加）。通过培训，员工的能力也得到了提升。如今马里亚姆正打算收购一家类似规模的诊所，继续扩展业务。

制胜之道 3：考察不同选项

在应对步骤二的挑战时拥有更多选项有很多好处，这可以从我们和一家欧洲水务公司的合作中得到印证。弗朗索瓦是一位经验丰富的水务公司职员，刚刚升任外勤业务主管。在开展了调研之后，这位领导者发现，整个组织完全是拼凑而成：各项业务不但陈旧，而且各自为政，拥有独立的结构、工作方式及企业文化：废水处理系统团队很多的工作都外包给了承包商；净水系统团队也使用承包商，但也有不少内部工作；维护团队负责水处理系统、污水处理系统以及泵站的运维。除此之外，净水系统团队还拥有一个强大的工会组织。重组的第一步和第二步已经确认，即缩减成本 10%，提升运营管理能力。弗朗索瓦习惯于提升效率，他和团队已经了解到变革的痛点所在。但即便如此，他仍然要求团队必须确保有一整套的选项，确保制定组织概念的复杂流程不变形，确保所有人都有提出想法供人讨论的适当空间。

于是，公司抽调不同业务部门的经理组建了重组团队，我们和其他几位咨询顾问则负责提供支持。重组团队负责将各业务的领导和专家组织起来开展讨论，进行头脑风暴，然后得出了一长串自下而上的

重 组
麦肯锡变革方法论

组织变革内容。我们甚至和工会的领导见面，倾听他对管理和承包商低效问题的解决建议。每一个意见都会得到认真的听取，以分析其是否可以落地以及会带来何种风险和收益。每一周，重组团队都会将潜在的组织变革内容提交决策委员会，后者负责决定哪些建议会得到采纳，哪些会被否决，哪些需要在进行决策前开展进一步的分析和调研。委员会不但包括外勤业务的负责人，也包括了其他组织的领导（水生产，废水处理以及资本项目），毕竟外勤业务的变革也会给这三个组织产生影响。

从这一过程中脱颖而出的想法之一就是将 4 个区域的净水系统和废水系统团队合二为一（以前是各自有 6 个独立的区域组织）。当然，一线员工还是分开的（你总不能让处理污水的管子再去处理净水）。但这样的改变节省了巨大的管理开支。为了将这一想法落地，净水及废水之间的设计、规划以及执行都必须标准化，而某业务的经理人也必须通过培训掌握另一项业务的特性。同样，维护团队中，此前分开管理的净水和废水项目，如今在合并后节省了开支。在这里，我们又一次看到，结构改变的同时带来了流程和人员的变化。

其他的建议还包括：取消两个系统团队中的中层管理人员（省下的资金可以用于一项培训课程，以提升一线经理人的素质）；将两个主要负责水质监控的团队合并；减少维护团队的管理人员数量，以更好地反映管理宽度；将维护团队和废水系统团队的技术人员工作合并；通过流程改进提升净水系统技术人员的工作效率。最后的两个建议首先在一个区域试点，以确认理论的可行性。鉴于净水系统团队的工会力量太强大，以及管理层希望削减变革的人力成本，因此，这一业务领域的改革主要是将之前外包的工作转为内部消化。当然，这同样需要流程的重置和人员的再培训。

人力资源的密切参与是一个关键点。因为公司设在欧盟，我们必须遵守欧盟的相关劳动法案（参见附录 C）。此外，因为成本削减需求紧迫，我们的进度非常快，并且直接以人力资源所需的格式提供了终端产品——或许是一个新职能的 Word 文档，抑或以 PowerPoint（微软的演示文稿软件）的某种方式画出的组织结构图。如此一来，我们就不再需要大量的幻灯片演示，人力资源再也无须费力进行格式转换。

大多数的重组都非一帆风顺，那些需要大幅缩减成本、裁员以及解除领导人职务的重组尤其如此。很多交流都令人非常郁闷，领导者也需要为此劳心费神。在被裁员工寻找新东家时，公司也需要提供足够的支持。有时，紧急运营状况会让领导无法按时现身会议。当无法在决策会上达成协议，后续就需要更多的会议。尽管如此，每周的决策会仍然是辩论和决策制定的主要场地，经理们完全领导了这项工作，每次会议关注一个改进建议，避免陷于一个概括性的概念中——使讨论保持聚焦。

制胜之道 4：让领导当场表态

让领导发表意见非常重要，这一点，从我们参与的一家全球媒体公司重组中可以很清楚地看到。当时这家公司正在进行一场跨行业巨变：从高利润但日薄西山的出版业转向低利润但增长迅速的软件业务。这段经历不仅体现了领导参与重组的重要性，也展示了该如何从流程、人员及结构中快速发现问题（第二步）以及设置多个方案选项的重要性，当然这一次是自上而下的。

这家公司是通过收购众多小型地方业务发展壮大的。媒体公司普遍存在一种想法，即认为这是一个人才驱动的行业，流程和结构并不

重 组
麦肯锡变革方法论

怎么重要（普遍认为结构是企业核心，然而这个行业却是个例外）。这种观念导致这家公司无法整合活动，实现流程标准化。此外，语言在某种程度上也是个问题。出版业必须生产内容，或者将外文翻译成本国语言。编辑团队和销售团队都需要精通地方语言。在不少国家，中层以下的员工都不会说英语，但各国管理层的最上面两级都精通公司的官方语言——英语。因此，即便语言和内容不能统一，公司的很多制度也是可以标准化的。

公司各地的分支都很强势，每家都负责在当地经销全线产品（无论美国、欧洲、中国还是印度）。这种安排的问题在于，公司无法尽可能专注于特定的客户群，因此也无法享受在全球范围内细分客户的益处（因为每个地方的分支都在自行划分客户群）。

首席执行官认为公司已经到了变革的时刻，于是找我们寻求帮助。在其团队对未来组织做出的结构设计中，会有一个中心团队负责新产品研发，并鼓励四个商业领域都转向软件，与此同时，地方业务保持基本不变。我们的任务是论证这一设计是否合理。给我们的时间只有四个星期，但幸运的是，我们的客户对我们通力支持，各业务领域的代表及人力资源配备一应俱全。

在展开工作之前，我们首先调研了公司战略团队的近期工作，了解了行动的价值机会（第一步）。接下来，我们对公司的优势和劣势进行了快速诊断（第二步）。我们通过卡片分类（参见第四章）对来自全公司各地各部门的 20 位领导做了访谈，并在员工中做了一个更大范围的调研。诊断本身也是一种让诸位领导置身变革的方式。

通过诊断我们发现，公司在各区域的发展是一项需要保留的优势。这一点在欧洲尤为明显，欧洲不仅有多个语言版本，各个版本的内容也各不相同。各国分支的负责人能力都很强，这是另外一项优势。与此同时，我们发现多数的现有流程都没有得到执行，而这一点已经成为司空见惯的公司文化。这样一来，单纯的流程解决方案变革肯定不会奏效。最后，领导们告诉我们，虽然他们认同公司需要变革，但他们并不清楚拟建的中心团队到底是干什么的。一些经理人认为这项变化只是权宜之计，另外的人则认为这是一次根本性的转变。

工作开始之初，我们和首席执行官达成共识，即除了对现有的假想方案提供改进意见，我们也可以为团队提出其他的可选方案。实现这一目标的方式是建立一个工作组，召集公司的 12 位全球顶级领导举行会议。我们提出了四个组织模型：全业务线模型，聚焦营收模型，全球产品开发者模型，以及能力中心模型。这些选项的中心化程度依次递减。

不出所料，第四个选项，也就是最不中心化的那个，被首席执行官否决了。这个选项会对各部门全球平台及产品的研发以及内容采购造成阻碍，首席执行官也认为这无法驱动她所需要的变革。但这种渐进变革的选项却是公司领导层最为青睐的（因为很少有人喜欢变化，他们自然也倾向于选择那些对他们影响最小的方案）。这一选项的排除极大地改变了这场游戏。记住，让领导团队参与选择非常重要，但是必须为领导者确定可接受的选择的界限。这可不是一个民主的过程！

于是我们的挑战就变成了如何让领导们理解其他三个选项。到目前为止，这些领导对于目前的进展仍感迷惑，而且和大多数的商业领导一样，他们更擅长的是日常业务，而非那些虚幻的组织概念。这意味着我们不但要把重组的结构解释清楚，还要说明人员和流程方面的问题。

在人员方面，我们确定了五个关键角色，即四大业务线的负责人、一位全球营销总监、一位地区总经理、一位各国业务首席执行官及一

重 组
麦肯锡变革方法论

位销售及市场经理。三个模型方案中都会出现这五个角色，但其职能却各有不同。我们为每个方案中的每个角色创建"生命历程"，以展示各个角色在全业务线模型、聚焦营收模型以及全球产品开发者模型中的不同。我们还使用详尽的角色介绍和饼状图，展现出每一个角色在不同方案中所需的时间付出。例如，在全业务线模型方案中，各国将不再有首席执行官的角色。在聚焦营收模型中，各国的首席执行官将负责产品的本地化、本地内容的采购、渠道分发以及客户关系管理，但无须负责战略、销售以及平台及产品开发。在全球产品开发者模型下，各国的首席执行官则主要负责本地的销售和市场、渠道分发以及客户关系。在所有三种模型中，各国的首席执行官都不再全权负责所有活动，这和此前有着极大的不同。

在流程方面，得益于各业务线专家的帮助，我们绘制出了适用于所有地区和业务线的总体流程图。这张图覆盖了战略及地区业务规划、平台及产品开发、产品地方化、全球及地方内容采购、市场营销、销售、渠道分发、客户关系以及后台支持等。依据总体流程，我们在不同的模型中明确了不同的职责：在全业务线模型下，各国业务和支持服务都以不同的颜色来表示。这张图以简洁直观的方式展示了三种方案中各个角色的职责差异以及不同部门之间的权力界限。通常，权力的边界处也是容易出问题的地方，这些问题或源于不同部门的冲突，或是因为某些任务责任不清、两头不靠。

最后，我们对各方案在组织结构（汇报线）方面的作用做了展示。在这一阶段，由于我们的主要任务是阐述概念而非就汇报线和某特定领导的角色展开讨论，因此我们以原理图取代了详细的组织图。这使得我们能够识别各个方案的痛点。例如，在全业务线模型下，地方业务不复存在（它们会融入全球分工之中），但是地方机构仍需承担一系

第五章
步骤三：选择最佳方案

列任务：代表当地的法律实体（各国的首席执行官），负责管理当地的支持服务，管理办公室和其他财产，承担社会责任，为机构所在社区提供社会服务等。实际上，任何一个地方性的、单一国家的或者资产型的组织，当它转变为以业务线、价值链或者功能为基础的全球化企业时，都会遇到类似的挑战。在这种情况下，我们的建议是，这些功能应该交给该企业在当地最具优势（或发展最快）的业务线负责。我们必须厘清（这也是很多公司倍感困惑的）集中汇报和集中业务地点的区别。举例而言，销售人员可以向某个总部部门汇报，但是他们必须在本地工作，说本地语言。当然，另外一方面，只要有了解地方需求的清晰机制，一个 IT 平台的创建就可以把全部人员归由一位经理负责。

我们把包含这些方案及相关描述的文件送给 12 位参会的领导人，以供他们提前阅读。在策划会议时，我们遇到了另外一个重大挑战：绝大多数公司领导只经历过一种工作方式，他们只关注某个地域内的业务，因此，如何让他们能够打开眼界，接受新的可选项，就成为一个难题。我们的解决方案是引入"欣赏式探询"（appreciative inquiry）技术。欣赏式探询是一种组织方法，由戴维·库珀莱德（David Cooperrider）和苏雷什·斯利瓦斯塔瓦（Suresh Srivastva）于 20 世纪 80 年代末创立。简而言之，欣赏式探询就是要关注不同选择的优点，因为根据观察，当人们关注事物的积极面时，头脑会变得更为开放，更有创造力。一般而言，发现问题相对简单，因此可以推后一步。

我们尤其想避免落入重组的窠臼（或许你对此也十分熟悉）：首席执行官和企业领导们宣称要推行重大变革，地方业务负责人却站在对立面，希望将变革影响缩减到最小，于是咨询顾问就成了从帽子里变出兔子的魔术师，在综合各方意见之后，给出一个"中庸之道"。此时

重 组
麦肯锡变革方法论

大家如释重负，纷纷向公认"最不坏"的中庸之道看齐。然而在我们看来，这种达成共识的方法其实是错的，毕竟中庸之道也有自己的特定益处和风险，它绝非两种选择的算术平均值，且经常比任何一种选择都更糟。再者，一个几乎无人喜欢的方案，也无力支撑未来的发展。

开会当天，在简短的介绍和会议目标提示过后，我们将全部人员分为三组，分别参与全业务线、聚焦营收以及全球产品开发者三个备选模型的讨论。在分组时，我们故意将那些有特定偏好、固执己见的领导分到了他们最可能反感的群组中。这样一来，他们就不得不关注那些此前阅读文件时没怎么花精力思考的方案。在利益相关方之间，我们则加入了一些缺少定见的领导者。在这一阶段，我们还要求首席执行官离开房间，以防止出现任何的向日葵管理问题（一些员工会试图猜测领导的意图，见风使舵，就像是向日葵总朝向太阳）。

我们要求每一组准备一个案例来支撑他们所分配到的方案（不允许给出负面评价）。然后每一组可以向其他组展示案例，并回答相关的提问。每一组都需要说出他们的方案如何能够在以下三方面带来价值，即如何扩大四大业务线在全球的收益，持续了解地方市场以及促进公司从出版业向软件业的转变。之后，其他两组会开始寻找这个案例的漏洞，案例展示一方则需要进行辩护。

在开展这一活动时，我们得到了神奇的发现。实际上，过了一会儿，一名参会者就开玩笑说，我们使用了催眠术。

每个小组开始为自己的方案创建案例。由于参会者都是具有高度竞争性的精英人士，整个会议室很快就充满了肾上腺素的气息，墙上则挂满了图和列出的各种理由。每个团队不再想着一定要批评方案，而是开始认可并且完善方案：他们都对方案做了改进，让方案变得更为坚实。

第五章
步骤三：选择最佳方案

三组展示既有趣又有信息量，并且瞬间让几件事情清晰起来。首先，渐进化特点最明显的选项（能力中心模型）能带来的改变最小，因此已被排除；其他三个选项，包括三者中渐进化特点最明显的全球产品开发者模型，都可以给公司的运营带来重大改变。我们开发的流程图和日常生活场景让这一点得到了显现（他们自己的组织结构图很难凸显出这些问题）。实际上，中间选项（聚焦营收模型）带来的冲突和复杂性最多。与此同时，全球产品开发者模型和聚焦营收模型都无法达到预期标准。因此，通过讨论变得越来越清晰的是，唯一能带来足够收益、让这场耗费人力物力的变革物有所值的，只有全业务线模型。这一点让三个参与讨论的小组倍感震惊。

出于这个原因，在讨论结束后的访问中，12 位参会者中有 9 位表现出对这一模型的明显偏好。其他的三人也倾向于这一模型，但对于如何实现这一方案表现出了合理的疑虑。他们尤其关心的是这一方案给同事们带来的影响。很多岗位会发生变化，而且新方案所需要的心态、行为以及能力都与此前不同。这些担忧说明这一方法需要继续细化并确立执行方案（这部分会在第四步讨论）。首席执行官也听取了三个小组的展示，看到参会者的选择和她的首选项不谋而合，选择理由也极为一致，她既震惊又高兴（当然团队已经对此做了大幅改进）。她后来告诉我们："正确的方法永远不止一种。因此，你如何让人参与进来，融入新的组织是一件极为重要的事。通过研讨，我们都得到了想要的结果，而且更为重要的是，我们的领导团队在齐头并进。"

得益于这场研讨，我们为四个业务线的总体业务流程、人员以及结构做出了初步设计。全部工作用了四个星期。

现在我们回到艾米莉亚和她那糟糕的一天，用上面的方法重新演绎一遍。

重　组
麦肯锡变革方法论

　　同凯文和阿尔两位咨询顾问走出会议室的时候，艾米莉亚已经意识到他们所提出的自上而下的方案并不适合公司。她已经有了一些新的想法，但是仍觉不够。

　　于是，艾米莉亚决定召集一次会议，参会者是团队中来自所有部门的专家。当然，为了实现约翰提出的减员提效目标，这些人一直在献计献策。会议之初，艾米莉亚和大家分享了咨询顾问关于竞争对手的研究所得。幸运的是，参会者中有一部分曾经在竞争对手公司工作过，他们就某些模型的实际运行情况提供了更多的信息（不仅仅是高水平汇报线的问题，也涉及部分流程和人员问题）。与此同时，艾米莉亚也提醒参会者注意第二步得出的结论，也就是公司需要在哪些领域进行变革以及需要保持哪一部分的优势。

　　艾米莉亚利用这次会议得到了一整套自下而上的改进方案。她让每位专家都说出自己的想法，然后从别人那里得到反馈和鼓励。这催生了一种友好竞争的气氛。到会议结束时，她得到了十几个组织改进方面的意见，而且这些意见都集中于如何应对公司面临的挑战或保持现有优势领域等方面。这些想法涵盖了一系列的人员、流程和结构问题。艾米莉亚要求各组在单页模板上详细解释这些方案的收益（在降低成本、提高价值和安全性方面）和风险所在，以及如何才能实现。

　　随后艾米莉亚找到首席执行官约翰，请他安排一系列由管理层参加的每周决策会议。对此当然有反对声音，一些领导抱怨说根本抽不出时间。但艾米莉亚坚持己见，他提醒各位领导，从第一步开始大家就已经知道了重组的价值所在，而之前领导层也曾做出承诺，会为公司的变革贡献时间和精力。约翰力挺艾米莉亚，把会议安排进了日程表。领导们必须亲自参会，如果无法参加，也不能派代表出席。（艾米莉亚知道电话讨论肯定是不行的，而为了保密以及建立团队信任，有必要保持团队成员的稳定性。）

在接下来的四个星期里，艾米莉亚、约翰和领导层对各种选项进行了考察。艾米莉亚把无甚疑义的内容放到了第一次会议，这些内容很快就通过了。在接下来的两次会议中，她把其他的方案内容摆在了桌上：这些内容有的获得了通过，有的则被否决，还有一部分存在争议，这些争议内容被返回给艾米莉亚及团队，等待进一步调研和打磨。针对一些比较棘手的内容，艾米莉亚邀请了公司的专家来现身说法。这些人的加入让讨论更具价值，而领导们也从中得知原来自己的下属也在为重组尽心尽力。当然，对于这些专家来说，他们也可以借此接触到高层领导（鉴于大多数人不喜欢重组，能让人从参与中得到好处也是一记妙招）。

在最后一次会议上，艾米莉亚对所有决策做了总结，其中的重点内容包括：运营支出削减 5%~30%；实现跨部门的人员职责和流程标准化；设立新的中心交易团队，并对人员组成进行重大升级（10% 的人被替换）；建立一个跨业务的共同投资流程，由中心团队确保其合规性，但职责仍然属于各国市场部门；进行一项新的安全培训计划，明确业务中的人员角色。然后，艾米莉亚向大家展示了新组织的整体图景——对人员的影响，新的流程，以及整个组织结构。她特别强调了组织中人员角色的变化以及有多少人可能受影响。虽然仅仅见到了各项决策的汇总，但首席执行官和领导层还是对整个设计表达了肯定意见，只是对人力成本变革持保留意见。他们认为，在细化变革方案和制订执行方案之前，艾米莉亚必须要考虑人的问题。与此同时，在会议结束后的非正式讨论中，艾米莉亚注意到许多领导人开始疑虑：

变革到底会给他们目前的职位带来什么？他们该如何落实这些改革计划？

步骤三过程中的沟通技巧

员工和领导需求。员工仍然需要了解重组对他们而言意味着什么，及时掌握重组对他们工作的影响。但第三步不会解决这些问题，因为很多概念设计尚未细化到这个层次。鉴于此，员工最需要注意的是行动时间表。领导者在这一步骤中有更多的实际需求，因为这一步要决定的是组织的形态和每个部门的职责。你可能觉得现在只是设计阶段，真正的任务在后面，但领导们已经在开始思考这一切的意义（他们倾向于保持职责不变——两种可能性都有）。我们上面已经提到，将他们排除在决策之外会加剧这种误解。

沟通什么。在这一步开始的时候，你需要清楚地向员工传达如下信息：正在进行什么工作，谁在做，什么时候公布结果。在结束时，需要告知员工已经确定的大致方向，以及员工如何能及时掌握对其所造成的影响（步骤四）。不要大张旗鼓地宣传你的新职能组织，不要说它将产生怎样的投资回报率，也不要预测说新的方案能够将效率提高20%。你和你的领导人可能会对这样的成就感到兴奋，但你的员工却可能会被那些节省成本、提高效率的讨论吓到，除非他们知道自己将受到何种影响，否则他们不会对管理指标有任何兴趣。领导层的角色也开始发生变化。在这一阶段结束和下一个阶段开始时，你应该任命领导进入新的岗位，负责提供详细的重组设计，而不是抵制它。这时候你会发现，某些领导可能无法胜任重组任务，或者认为自己不再适合新的组织。

如何沟通。由于接下来的工作逐步深入细节，涉及每个业务和职能部门如何开展工作、需要哪些领导来负责部门重塑等问题，所以，在公司级沟通之外，也可以由各部门领导按照不同部门的情况展开沟通工作。由于这一步对于普通员工尚无重大影响，因此，针对他们，具备双向机制的电话会议、电子邮件或者博客文章就已足够。各级领导则需要进行一对一的交流。切记要对沟通的结果进行追踪和讨论。你可以从中了解到什么？掌握哪些优秀经理人最有离职倾向。这样一来你就有了防备，以免出现你刚宣布某人担任新业务线的领导，人家却跟你说要另谋高就的情况。

步骤三总结

陷阱
- 漏掉前两步
- 只关注框线设计
- 押注一种方案
- 绕过顽固的领导

制胜之道
- 切勿漏掉前两步
- 关注人员、流程以及结构
- 考察不同选项
- 让领导当场表态

如何在自己的组织中运用这些策略？
- 切记：既要关注结构，更要关注人员和流程。
- 确定你是要采取自上而下还是自下而上的重组方式。记住，如果你的公司迫切需要一场巨变，或者已经彻底陷入困境，那么适合采用自上而下的重组方法（例如我们提到的全球媒体公司）。如果组织运行良好，只是有个别问题，自下而上的方法则更为适用（例如我们提到的水务公司）。如果不知道自己到底是哪种情况，就采用自下而上法，因为这种方法更容易快速为公司增加价值，同时人力成本最低，也可以避免造成其他破坏。你可以使用附录 D 中的模板来确定你选择的重组方法。

- 充分运用组织的集体智慧。你应当召集和重组关系最为密切的人员进行头脑风暴，寻求实现改进的方法。你也可以引入外部咨询顾问，以解决更为复杂的重组问题，同时也可以了解竞争者处理问题的方式。但要切记，外来的想法只能是内部形成方案的补充。

- 在领导团队会议的组织问题上要多花点心思，这样才能让大家权衡利弊，做出决策。自上而下的重组可以通过召开大会的方式来解决（如前文提到的全球媒体公司），自下而上的重组则可以通过多次会议来确定选项（如前文提到的水务公司）。无论采取哪种方法，都要考虑到领导层可能的反应。可以考虑在工作环境之外进行会议，以便让大家摆脱日常问题的烦扰。确保你得到了项目发起人的积极支持（如果你是重组团队成员）或者提供积极支持（如果你是项目发起人）。

第六章

步骤四：正确执行方案

这是你的重组之路。
确保关注到所有细节。
还有，远离那个拒绝
变革的鲍勃……

你的新组织究竟会如何运营，关键就在这一步。很多领导者会在这一步到来前就停下脚步，但你可能会发现，第四步才是重组中最为困难和复杂的部分，而领导层在这一步的决策，对于重组能否成功有着至关重要的影响。就连我们针对这一步的测试也更为复杂。讽刺的是，很多企业会在之前的几个（通常相对简单的）步骤中引入管理顾问，但从未考虑过为这一步寻求外部帮助。威利斯运输公司首席执行官阿拉斯泰尔·斯威夫特的经历颇能引起共鸣："到了执行阶段时，我们想着自己就能搞定，但实际上这是一种错误的想法。我们之前没有进行过那种类型的变革，我们需要外部帮助。我现在知道了，最艰难的一步就是执行。执行可不是一件好玩的事情，我们需要的帮助远超预期。"在讨论一些典型的错误之前，请先回顾一下自己的经验，完成以下测验。

关于重组的规划和执行，你们是怎么做的？

  0. 我们没有制订计划。我们只是往前进行，花多少时间算多少。

  1. 我们制订了总体计划，确定了各项活动的顺序，希望能在合理时间内完成重组。

2. 我们有详细的计划，并且计划同时推进几个项目，以期能够加速推进重组。

3. 我们制订了详细计划，尽可能同时推进项目，并且设定了紧张的完成时间表（例如未来 3 个月），然后倒推执行。

以前组织的领导发生了哪些改变？

0. 他们都没有变动。

1. 他们大部分没有变动，但有一些人的职责发生了变化。

2. 一些人的工作发生了变化，我们引入了一些新人才，还有一些领导人离职了。

3. 一半的职责没变化，约 30% 的职责发生变化，20% 被新人所取代。

如果有些业务或职能部门声称他们有例外情况，你是怎么处理的？

0. 我们允许嗓门最大的改变重组设计或时间框架。

1. 我们试图说服每个人，并确保一切业务部门或职能部门遵循相同的流程。

2. 我们会根据管理层的意见允许一些例外，暂且将其搁置，先进行其他。

3. 我们事前为例外情况设定了客观标准，所有不符合这些标准的部门都必须服从安排。

你如何与组织成员，即那些能为重组细节设计提供帮助的人沟通情况？

重 组
麦肯锡变革方法论

0. 我们依靠及时的公开信息传播。

1. 我们为帮助我们的人员提供了一些特殊的简报。

2. 我们给他们准备了一些标准的模板。

3. 我们创建了一个"行动指南"和模板供他们使用。

和之前一样计算一下你的得分。如果得分在 10 分以上，你应该颇感自信。6~9 分也不错，但也算不上很好，5 分及以下则显然说明你应该好好阅读本章。认真反思对比你这次的得分和之前测验的得分。如果这次你得的是满分，请联系我们，告诉我们你是怎么做到的，因为我们到目前为止还从未发现一个满分。

现在，让我们转向艾米莉亚，看看她是如何对这家能源公司进行重组的。

在最后一场关于重组的会议大功告成之后，艾米莉亚认识到还有很多其他的工作要做。她和约翰碰了一下，后者希望她在重组完成之前继续负责这个项目。如今已经是 10 月，距离重组启动已经为时一年，约翰非常希望能够在年底前将重组完成的消息广而告之。他担任首席执行官已经有一些时日，他需要向市场和员工展示他的工作成效。艾米莉亚和团队费尽心力准备了一份演示文稿，约翰则打算通过这份文稿向全公司展示一下新组织。

后来，艾米莉亚和团队才意识到这份文稿应该交由人力资源部门来做。人力资源部门副主管迈克告诉他们，人力资源方案中的几项内容可能严重违犯欧盟的劳工法。这份演示文稿因此不得不进行修改，一些细节被删除，此外，迈克还同每个可能面临裁员或调离岗位风险的欧洲业务部门员工进行了协商（交易中心化的结果之一）。相反，美国的人力资源主管布莱恩跟艾米莉亚说："我们不需要任何协商，我们已经习惯这种变化了，可以快速推进。"艾米莉亚、约翰以及人力资源团队因此又为人力资源协商和准备全公司宣讲的材料而奔忙。他们在12月份第三周完成了相关工作，并且在随后的冬季假期到来之前进行了网络广播。

约翰在一个早晨进行了他的首次网络宣讲（针对欧洲观众），强调了变革对于公司长期成功的重要性。他讲得很好，但令他和艾米莉亚感到吃惊的是，他们在宣讲后收到的大部分反馈都是负面的，大家也开始担心起自己的工作。在晚上的第二次宣讲中（针对美国同事），约翰和艾米莉亚修改了文稿，降低了对变革的强调，增加了更多的保证之词。这次大家的反应没有那么负面了，但对工作的担忧仍然不减。就在假期开始的几天前，艾米莉亚开始听到流言，说某些国家的业务负责人非常不满，可能正在考虑转向竞争对手公司。从公司底层传上来的流言也说明，不少总经理虽然在公共场合传递官方的声音，然而他们的行为和私下的谈话则清晰地说明他们自己也顾虑重重。艾米莉亚将这些问题反馈给了约翰和迈克，希望他们能对这些总经理单独加以安抚。这些总经理的担忧导致重组设计做了进一步的修订。

同期，艾米莉亚和团队在筹划新组织的细节设计和启动。他们首先从各国业务层面制定组织结构，按照新方法更新职责描述。之后他们转向新角色的职责描述和资本项目流程的重新设计。尽管团队中有来自各个不同部门的顾问帮忙，艾米莉亚仍发现她必须问很多的不同业务的问题。要是这些业务部门能各自完成相关的工作，事情会轻松很多。她请各国分公司和职能部门的负责人提名辅助她的人选，然后将重组的相关理念灌输给这些人，由他们用四周的时间完成相关工作。

然而，这些人要么无暇顾及，要么根本没有艾米莉亚想的那样，对新组织方案进行认真的了解。当工作结果提交上来，她发现既不符合她要的格式，也没有提供她想要的信息。

艾米莉亚把这个工作不投入的问题反馈给了约翰，在他的支持下，她要求大家必须在下周完成相关的工作任务。这次大家提交的内容差强人意。不管怎么说，一些业务领导已经大幅修改了方案。值得注意的是，他们中有很多人准备在未来两年分阶段实现成本缩减目标，而不是现在就执行。其他人则保留了一些"地方交易活动"。此外有更多人提出，新的资本项目流程需要适应不同地方的实际情况。法国的业务部门提出，由于需要和工会进行协商，所有的变革都无法在两年内实现。

与此同时，艾莉米娅的团队也意识到了实现交易中心化的难度。首先，他们需要就交易中心的地点达成共识。鉴于人才的集中，语言的通用性以及和现有业务的接近性，伦敦显然是一个选项。但所有其他各国的负责人都对此持反对意见。此外，交易中心新大楼需要确定位置、联系租用，新的系统需要确定和设置（到目前为止，各国的系统都不尽相同）。另外，人员也需要迁移。项目进行了数月后，艾米莉亚意识到，必须引入额外的资源来管理实施这一部分，在得到约翰的许可后，她为项目执行设置了一个全职管理团队。

经过 7 个月的详细设计和规划实施，但在实施的时间和很多细节方面，大家仍未达成共识。艾米莉亚要求约翰召集各国负责人开会。在一天的会议中，他们讨论了剩下的细节问题，并且达成了一项折中方案：在未来 18 个月内分阶段实施重组。多数部门将首先推行成本缩减措施；新的资本项目流程将首先在三个区域试点，6 个月之后再铺开；中心交易部门将在 12 个月内建立；最困难的地方将有 18 个月的过渡期。

艾米莉亚终于看到了胜利的曙光。她和团队可以开始思考新交易中心以及中心资本项目团队的领导人问题了。重组花费了太长的时间，扰乱了管理者和员工的日常工作。她也担心各种各样的妥协已经使某些重组设计的核心要素丧失。当法国业务的负责人被任命为交易中心部门的总经理时，艾米莉亚发现他的态度发生了180度的大转弯：如今他担心的是自己要负责的组织是否能有效运转，毕竟公司同各国的市场部门做了太多的妥协。

你在前面三步的表现或许非常完美，但第四步——细化设计和实施规划才是所有环节中最困难的部分，因为在这一步，书面的计划即将对撞坚硬的现实。到了这一步，变革必须付诸实践，你再也躲不过和受重组影响的同事的面谈。这是最复杂，也是最艰难的一步。但很多公司会在重大假期之前宣布实施重组，这的确荒诞，因为在这个时点宣布重组，不但最大化了员工的痛苦，也让他们有了充足的时间更新简历，投奔竞争对手。

针对这一步，过往文献也无多少可供借鉴之处。不幸的是，正如我们前面提到的，许多领导者常在这一步偃旗息鼓，他们认为艰难的工作已经在第三步完成，于是将后续任务推给他人。现有的可用建议通常也只是一般的变更管理原则，既不关注重组细节，也不知道如何管控人为影响及情绪问题。不用说，艾米莉亚在这一步骤上的挣扎比之前任何一步都要多。虽然她果敢地解决了所有她能想到的问题，但似乎依然失去了对整个过程的控制。的确如此。因为没有对所有问题的全面理解，没有掌握正确的处理顺序，她掉进了

重 组
麦肯锡变革方法论

一个又一个陷阱。

陷阱1：长期循序规划，渐进实施

大多数的重组都和艾米莉亚的能源公司一样，遵循相同的模式。重组项目团队往往都是从设计细节入手，按部就班。但随着工作的深入，越来越多的问题浮出水面。整个项目的节奏慢了下来。最终，各种需求应接不暇。于是有人忍不住提出建议："我们是否应该分阶段实施，以更好地管理工作量？""嗯，"项目发起人说，"这听起来像是一个管理风险的好方法。这也会让我腾出时间专注业务。"但矛盾的是，项目发起者仍然期望看到重组所带来的业务成果。整个组织因拖沓冗长的实施和难以兑现的目标而倍感压力，他们偷工减料，以期用各种不同手段实现同样的业务目标。这种冗长过程带来的最终结果是：重组细节的设计和实施只完成一半就用了12个月。五分之二的企业低估了实现重组目标所需要的努力。[9]

如果我们还记得在第一步中关于价值的讨论，那么如上方法看起来愚蠢至极：重组旨在提供价值，你知道只有重组完成，你才能实现这个价值。你拖的时间越长，重组带来的干扰也就越多，对业务结果产生的负面情绪也就越大。人们不喜欢改变，但他们更不喜欢不确定性，尤其不喜欢持久的不确定性。密歇根大学的研究人员发现，对员工健康而言，持续的工作不安全感比实际失业的影响更大。[10]另外一件有趣的事情是，在一个我们参与的沙特阿拉伯重组项目中，虽然大家明知不会有任何失业危险，但重组所带来的破坏和沮丧和世界其他地方并无二致：虽然他们不必担心失去工作，但工人和管理者害怕失去地位。这解释了为什么6个月内完成细节设计和实施的重组要比那些

第六章
步骤四：正确执行方案

花费更长时间的重组更为成功。

　　然而，重组严重拖延的情况表明，这不过是一种理性反应。由于对需要做什么不需要做什么缺乏认知，不知所措的领导们会选择将问题大事化小，或者以拖延来应对。但这样做又在无意中给员工和企业造成了更多的损失。但如果他们坚持下去，更快地实施变革，情况就大不一样。理论上避开这个陷阱的方法很简单，但前提是你要掌握这一步中所涉及的全套活动。

- 开始第四步之前要厘清全部所需活动，确定哪些是必须完成的，哪些是锦上添花而且与重组无关的，后者可以稍后进行。
- 从重组的实施日期倒推活动安排，比如三个月（如果重组非常简单则时间更短），确保活动是并行而非按顺序进行。如果你是在欧盟内进行企业重组，注意相关法律对协商时间做出的规定（见附录C）。
- 在计划中设置两个或三个固定期限，如此在期限迫近时，你就可以立即向项目发起人或相应高级管理人员寻求帮助，进行坦诚的沟通。

　　以上三条建议，可以让你更快得到想要的重组结果，受到最少时间的干扰。表6-1是我们详细列出的一般重组所需的基本活动，希望这张表能为你提供帮助。从表中你可以看到，其实重组的重点在人员和流程。如果你的组织到如今仍只盯着框线图，那么这一步正是开始感到痛苦的时候。威利斯运输公司首席执行官阿拉斯泰尔·斯威夫特说："在开始行动之前，我们本应该更认真地去建设系统。没有系统，则无论成功还是失败，我们都无法实现组织和所有人的共鸣。我们行动走在了能力之前，幻想着系统能够从后面跟上，但这并没有发生。"

表 6-1　完成第四步的一般必需活动

维度	一般必需活动
人员	·重新分配领导者角色（在开始阶段） ·确定最终的总人数（为了给新人才创造空间，裁员数可能超出原来预期） ·确定每个业务和职能部门所需的确切人数，使用质量平衡法（将开始时各级别人数与结束时人数进行对比），保证实现效率目标，没有员工或者级别的冗余 ·制订计划，同每一个受影响的员工单独交流 ·若需要裁员或有重大的角色变化，启动协商流程 ·启动提名流程，分配给员工新的或已经发生变化的角色（通过申请或者自上而下的选择）。 ·为全球化的流动安排签证和包裹运输 ·更新薪资机制（在合并后的部门实现职责标准化，节省成本，或者在奖金或绩效工资安排上反映出新组织的目标） ·启动招聘，以弥补某些方面的缺失 ·筹划新工作方法的培训
流程	·重新调整损益表和管理报告，使其与新组织相匹配 ·更新 IT 系统以适应变化（人力资源，财务，销售，后勤，采购，等等） ·重新设计管理和运营流程，对其进行测试和优化，并做好这些变化的传播工作
结构	·确定汇报结构，落实到每个业务或功能部门的一线，根据各地条件进行调整 ·规范职称或职系 ·确认或调整工作级别 ·完成新的角色配置文件或工作描述，确定目标

在这一点上，我们想要强调变革损益表和管理报告的重要性，因为有太多的重组没有做到这一点，结果让公司成了一辆没有方向盘的车。你给了它一个特别棒的引擎，你希望它朝正确的方向前行，但你

第六章
步骤四：正确执行方案

却对此无从掌握。如果你进行的是有意义的组织变革（而不仅仅是让高管换位置），你就需要不同的损益表、不同的关键性能指标，以及不同的组织内部的移交和服务等级协议。你需要分解损益表，以决定谁负责什么，谁可以决定什么，以及如何快速地将其转化为新的报告。这将可能要求 IT 系统进行更新，以有效地管理损益表，而重组的设计和测试也应该尽早确定。这些考虑因素也可以影响设计。在受监管的企业（如能源和银行）中，你需要注意的是哪些成本需要被添加到受监管的业务，而不是不受监管的业务。如果你的公司是跨国公司，不同国家的税收制度和激励措施也会影响你的当地活动（当然，你应该坚持法律的条文和精神，以免引起监管部门的愤怒和公众的骚动，别像某些科技公司那样）。总而言之，新组织与损益表之间的关键联系也说明了重组项目团队中拥有财务专业人员的重要性。

第二个需要在实施方面仔细规划和排序的是新工作人员的提名。显然，在安排大家各司其职之前，你应该已经制定出详细的组织结构图。事实上，在欧盟，在没有形成新的结构之前就安排职位是违犯劳工法的（见附录 C）。合并也是如此。此外，你还需要确定组织各部门人数和级别在重组前后的变化，这样才能避免员工和级别的冗余，确保按照重组的预期做到了应实现的成本节省。一个有用的方法是创建一系列简单的质量平衡图，以部门为单位，按级别展示变革之初的职位数量、转到新部门的岗位数、削减的岗位数、新增的岗位数以及最终的岗位情况。

以图 6-1 为例。这张图显示，42 个职位更换了部门——这样做并没有减少成本。该组织的级别 4（经理层）被整体取消（含 21 个职位）。一线效率的提升使得 77 个职位消失。最后，为了改善管理控制并且使管理范围（每个经理的报告数）可控，公司增加了 13 个职位。注意，

重 组
麦肯锡变革方法论

这个图能够让你对比变革前后的人数，有助于防止无意识的级别膨胀。严格按实际计算人数、禁止管理者虚报数字是非常重要的，不能将未填满的职位视为一种成本的节省（很多人会这么干）。在确定所需的职位数量之后，你就可以使用质量平衡法为各个岗位提名人选了。记住，这时候同样要严格规划并以正确的顺序开展活动，否则你会发现，重组实施的时间又延后了。

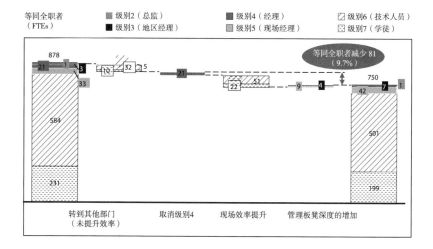

图6-1 质量平衡演示

现在，当公司到了提名阶段时，经常出现这样的情况：所有的领导聚集在一个屋子里，决定把哪些员工派往哪里（这经常是因为时间已经不够了，他们只能往前赶）。现在，这些速决的方法有时仍然管用。但是，你应该考虑启动一个申请程序，让员工通过人力资源部门来申请职位。只有这样，员工才会根据真正的兴趣申请职位，而不只是听从指令。当然，这种自愿的方式也需要事前好好规划，如此你才能在完成之前任务的同时，仍有时间管理申请流程。

你也应该考虑通过重组来规范职务称谓。很多公司，尤其是那些

第六章
步骤四：正确执行方案

经历过多次合并的公司，都有多元化的职称和职责。但这种多样性也造成了不必要的麻烦，增加了职务变动管理、职业道路规划以及培训项目设计的难度。重组是解决这些问题的好机会（详见图6-2）。

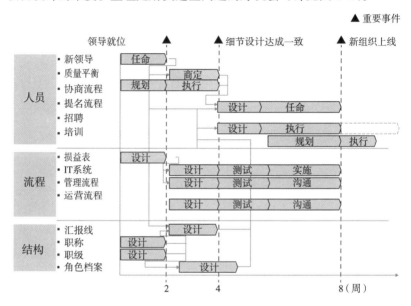

图6-2　工作规划模板

　　对于重组实施活动，英国邮政局人力资源总监尼尔·海沃德有着精彩的总结："除非确认已经有了详细的实施计划且得到了整个管理层的认可，否则不要开始实施重组。而且实施计划中必须包括领导层的真实承诺，他们愿意付出时间和精力支持转型，并且会为团队中受影响的人提供建议。"

陷阱2：任领导因循守旧，拒绝改变

　　无论是何种重组，置领导现有位置于不顾，把重组描述为一件独

重 组
麦肯锡变革方法论

立于现有组织之外的事情，都是极大的错误。这种态度通常会带来抵抗，因为领导们会尽量避免自己受到重组的影响。在这种情况下，重组发起人和项目团队近乎成了重组的唯一推动者。当遭遇到来自各方的阻力，他们的元气也会受到伤害。当然，领导层的变化会在这一步结束时确定，届时，很多一直持反对意见的领导会发现自己竟然因为反对变成了规划中新部门的负责人（见此前的法国总经理角色变化的例子）。如果你曾经在这个位子上，你很容易理解艾米莉亚遇到的诸多困难。

这一陷阱的解决方法很简单：尽早在组织中给领导安排一个位置——做出安排的最理想时间点是第三步结束或者第四步开始时。在进行这类操作时，可以考虑将最敌视变革的某些领导剥离现有职责，给他们安排一些全新的角色。你会惊奇地发现，当人们的角色转换时，看问题的视角也会急速变化！例如，当一家能源公司从区域模式（所有的资产归地区分公司管理）转向职能模式（每一个职能团队是一项资产，分别汇报给中心职能部门）时，就淋漓尽致地表现了这一点。一些原本嗓门最大的地区分公司领导，突然发现自己成了职能团队的领导，迅即停止了对变革的抵触。组织的其他部分真切注意到了这种情绪的变化，变得更加积极起来。

提前安排领导变动会带来一些麻烦，因为领导们总是吃着碗里看着锅里，既想掌控现有职务，又在为将来的新角色做准备。但我们给领导支付大价钱是有原因的。与其让成千上万人承受压力，不如把麻烦交给领导。试想一下，如果那位不支持重组的法国总经理从一开始就知道自己会成为交易部门的新负责人，如果美国的总经理知道自己将会负责横跨所有区域的资本项目团队，他们当初的表现或许会有天壤之别。

第六章
步骤四：正确执行方案

　　当然，通过提早行动，我们也会知道哪些现任领导不喜欢新组织中的职责。不过提早发现问题总比相互对抗几年后才解决要好。有时候，一些在旧组织中表现出众的领导并非新组织的合适人选。这非常可惜，但如果真的如此，你和他们应该就此分道扬镳。为了说明这一点，请看下面我们两位作者中的一位和客户的一位新高管间的对话：

　　我：你为什么决定加入这家公司呢？

　　高管：嗯，你们的咨询公司为我前公司做了新组织设计，但很明显，我在新组织中的职责不是很有意思。

　　我（关心状）：哦……那你当时是反对重组的吗？

　　高管：不，我能理解它的必要性。对公司来说这可能是正确的。只不过组织中不再存在我想要的角色。所以，我知道我需要另谋出路了。

　　并非所有的高管都这样有自知之明，许多人会选择对抗到底。所以，有时候，项目发起人或其他负责任的管理者需要为他们做出决定。更重要的是，你要找出能够在新模式下胜任领导职责的人，让他们相信未来，并保证你会和他们一路同行。在这一阶段，一些可以大大减少人才流失的非正式方法往往被忽视，例如我们可以请组织中最关键的人才出去喝杯茶（或啤酒什么的），并告诉他们对公司的重要性。但要注意，虽然这些都是非正式的行为，但仍然需要认真对待，只有这样你才不会错失关键人物。不用怀疑，任何被你忽略的高级人才，都可能成为那个更新简历投奔对手的人。

　　大道至简，这一点确实值得好好考虑：对于领导者，换掉其中的

20%，职位轮换 30%，保持一半不动。任何正在进行变革的组织（记住，可能不是整个组织）都可以参考此规则。确切的比例可能有所不同，但如果你让近乎 100% 的领导待在原地，则说明公司正在掉进陷阱。

敦豪国际快递公司的罗布·罗森伯格这样解释他和他的同事在重组实施之前就更换领导的原因："你必须有几个在新组织中起带头作用的先锋人物。我们有些行动是有争议的，但让资深和受人爱戴的领导转换角色，足以说明我们在非常认真地改变这个组织的运作方式。"在另一个采访中，泰晤士水务公司的劳伦斯·戈斯登表达了领导人换血的益处——他的方法是从公司外部引入新的领导人——"改变领导人的行为不是短期就能做到的事情，所以，如果你想推动一种新的思维方式，就要去相关行业取经，从那儿挖回来可以孕育和快速启动新思维的人才。你当然可以自己培养具有新思维模式的领导，但这绝非一日之功，而对于重组来说，这通常也太过奢侈。"

陷阱 3：改变一切，或一切都不变

对于你所提议的变革来说，总会有一些有效的例外。最明显的是那些次级规模（也就是营收/利润或者是商业活动的规模不够）的特定组织单位，例如某国的业务部门等，如果对它们进行拆分会导致效率低下。在一些国家，劳工法或工会协议会让重组变得费时费力。在某些业务领域，也可能因为法律原因而只能采取其他举措（对这一点要非常小心）。当然，也有许多无效的例外。在表 6-2 中，我们列出的是我们多年来听到的一些拒绝重组的理由及我们对此的恰当回应。

第六章
步骤四：正确执行方案

表 6-2 一些不参与重组的常见理由

无效例外	恰当回应
监管或安全规定不允许	告诉我这些规定的确切措辞
鉴于法律或金融规定，我必须有这样的角色或安排（例如某国的首席执行官，地区分公司首席财务官，一家独立公司）	告诉我相关法律条文。（如果确实有相关的法律或要求）我们可以通过设置外部角色来满足这一要求，尽量不影响我们内部的组织方式
我们手头没有合适的人选来满足这些岗位	让人力部门了解我们需要招聘哪些人，我们努力解决这个问题
我需要照顾鲍勃／辛迪的情绪，不能改变他／她的角色	为什么鲍勃／辛迪如此重要？他／她是否足以让我们改变重组设计？你们和鲍勃／辛迪沟通过其他角色和机会了吗？
我之前刚刚变动过，这次不能再动了	整个组织需要通过变革来尽量降低复杂性。如果你现在不变动，就会造成不确定性，因为你的组织知道（为了和组织其他部分看齐的）变化迟早要来
新的 IT 系统上线我们才能变动	最好改变工作方式，并与 IT 系统相适应，而不是相反
阶段性或渐进性工作方法更适合我这部分	这将造成不确定性。比起变化，人们更讨厌不确定性。最好接受变革，与其共进退

你听到的反对声或借口无疑还有很多，欢迎和我们分享。记住，很多反对意见都是在试图拖延或破坏你的计划。保持对自己的信心，认清哪些不是很有效的例外。

在处理了不适当的例外请求后，就只剩下少数几种合理例外的情况。在这个阶段，重要的是要记住你应该像处理其他业务问题一样处理你的重组。重组的目的是为了实现价值，而不是为了遵从一致性。你要努力确保实现所有设想的变革，并且尽快做到其中的 80%。为了达到这一目标，你可以尽快实现 80% 以上的成本缩减目标，或者先对占收入和利润 80% 以上的业务部门进行重组。有了这 80%，你就应该用100%的力气详细规划组织的未来（设定流程，规划人员流动，细化一线结构）。现在已经不是只讨论大原则的时候了。

对于尚未进行重组的部门，你可以为其设置最后期限或变革的触发点（重组的必要条件）。例如，艾米莉亚允许法国市场部门的重组推后6个月，等它处理完与某个客户的问题后再进行，她也可以允许东欧的市场部门在达到一定营收规模后再执行重组。设置最后期限之后，你还需要监视执行情况。但不要让这些例外阻碍你尽快实现价值目标。

陷阱4：令员工陷入困惑

艾米莉亚的故事告诉我们，一个公司总部团队，即使掌握的信息再多，也免不了有无法获知的细节，需要各业务部门的协助。然而，那些被要求提供帮助的人此前并没有参与持续数周甚至数月的讨论，因此并不知道事情的前因后果。不仅如此，他们还可能被你的那些行业术语搞得晕头转向。马斯克曾说："沟通是生产力的基础。因此，人们应该警惕代码名称或缩写。如果有人在做演示时使用首字母缩略词，我会问他们这些缩略词是什么意思。根据我的经验，他们有一半的时候答不上来。"如果你不花时间解释清楚你的意思，就不要怪别人提供不了你需要的帮助。

此外，在重组的扩大参与阶段，也应该对更多细节进行更广泛的讨论。如果讨论不充分，困惑和忧虑就会在公司内蔓延开来。这时候如果有领导捣乱，情况就会变得更糟糕。欧洲复兴开发银行的汉娜曾是英国司法部的高级公务员，她告诉我们："你必须要做的一件事就是统一口径。如果员工发现领导者之间有任何嫌隙，事情就会变得非常困难。"而这就是企业业绩开始恶化的写照。

　　我们不会误导你：在这个阶段总会有一些干扰和混乱。但是，通过清楚地列出你想做什么以及原因，你需要从业务线得到什么帮助，这些帮助应该什么样，哪些决定不能改，哪些可以改，以及何时需要他们的帮助，等等，情况就可能有所改观。有了这个行动指南，你可以显著改进整个流程。

　　下面的案例告诉我们应如何避开以上几个陷阱。

制胜之道 1：平行规划，果断执行

　　在一家全球领先的工业服务公司，其全球业务部门的主管正在领导一场重组。这家公司在研发和提供高价值服务方面享有盛誉，但它所处的行业正处于大宗商品价格的深度下跌区间。出现问题的业务部门实际上涵盖两个业务板块：一个是高价值的高科技板块，这一板块一直是业务重心，带来的利润也更高；第二个是利润率较低、更具操作性的业务板块，这类业务一直以来都居次要位置。但在市场崩溃的背景下，高价值板块遭受了更大的损失，次要业务板块的表现反而更为强劲。然而，每个地方的运营管理者仍然青睐高价值板块（他们在这方面有更多的经验），在他们不甚熟悉的次要业务取得发展的同时，仍旧努力维系着高科技业务。

　　对于主管来说，低利润、高增长业务发展受阻成了支持重组的强大理由，而且她已经组建了一个重组项目团队。事实上，这正是那种自上而下的重组而不是自下而上的修修补补（参见第五章的讨论）。时间非常紧迫，新组织需要在 3 个月内启动，以便赶上在 4 月份开启的下一个财政年度。与此同时，大宗商品价格继续下跌，先是下跌了一半，然后下跌了 80%。该公司的客户非常难熬，它们通过降价将痛苦

重 组
麦肯锡变革方法论

转嫁给服务公司，这进一步增强了迅速改组的紧迫性。

公司对风险值进行了量化，结果也得到了首席执行官的认可（第一步）。业务部门一方面需要尽力捍卫迅速萎缩的高价值业务，保持这一领域的领先地位，同时要把工作重心转向成本低、技术含量低但表现强劲的业务部门。该组织的优点和缺点也很明显（第二步）：业务部门在高价值业务的质量和技术创新方面有着良好的声誉，但它也需要开发一个精简的运营模式，以便同低成本产品展开竞争。对公司来说，这样的经营模式是一种反主流行为。

新组织的大致轮廓已经确定（第三步）。业务部门将与另一项互补的低成本业务合并，并将每个主要区域的业务一分为二。一个业务经理将继续负责正在萎缩的高价值业务，另一个业务经理则负责增长迅速的低价值业务。这反映出两部分业务其实有着不同的服务和不同的操作方式，同时在客户关系管理方面也有不同需求。

尽管如此，第四步仍然很有挑战性。这家公司并不缺少人才和主张，其领导人也已经开展了一系列行动。但是负责人想弄清哪些是现在必须完成的任务，哪些可以稍后进行。她担心这个没有成功重组经验的团队会出现任务重叠、各自为政的情况，难以朝着她所期望的方向前行。

公司找到我们寻求帮助，另外还请来一位分析师负责分析和规划支持。第一步是定义所需的全部活动，以三个月为期限做出时间排序，并确保每项活动都有人负责。和我们经历过的大多数重组不同（在这一步，通常而言我们不会开展过多的活动），这一业务部门的领导者不但各项重组措施齐头并进，甚至还有不少额外的举动。举个例子，在规划重组实施的同时，他们还解决了操作标准和 IT 系统中一些长期存在的异常情况。鉴于此，我们到来后做的第一件事就是召集领导小组会议，先就行动计划取得共识。我们确定了哪些是现在需要进行的活动，哪些是锦上添花的活动，哪些是为了保证重组实施而应该推迟的活动。我们还明确了各方职责，以避免出现权责重叠的情况。

我们从三个月所需结果倒推出各项活动的顺序。在这一过程中有三件事情逐渐变得清晰。第一，组织结构的细节和每个区域的确切岗位数需要提前确定，以便有足够的时间提名人选并获得签证，必要时确保人员到位。第二，领导层需要时间来考虑如何应对人事变动带来的后果（包括培训管理人员学会如何进行艰难但诚实的讨论，为离职的个人提供支持）。最后，需要仔细规划必要的 IT 更新，以允许对损益表进行管理，并且从第一天开始就可以访问系统——包括进行离线测试时。为了明确哪些国家的业务需要重组，我们还需要基于两块业务的收入比重来确立一些明确的例外规则：如果一个国家的这两块业务规模都很大，就进行业务分割；如果其中一块业务或两块业务都低于标准值，就无须一分为二。

然后，我们分析了这两块业务的营收以及每块业务客户服务差旅次数（结果显示出高价值部门的收入规模可以更大，但差旅次数可以更少）。我们为营收和差旅次数设定了标准线，如果两块业务都在标准线以上，我们认为这个国家的业务满足了重组的临界值，可以进行重组。但如果低于这个标准线，将业务分成两部分不但没有意义，还会导致效率低下。另外按照帕累托原则，那些营收和税前利润所占比例都不超过 20% 的国家不需要做业务拆分。

在接下来的 11 个星期，我们每周都与领导小组举行管理会议，以确保重组进度。不可避免的是，前行的道路上充满挑战。几个关键领域的进展一度落后了 10 天左右，团队不得不加班加点，以使其回到正轨。有时候，高层领导必须亲自出面，同那些受到重组影响或有消极倾向的人进行交流。仔细的监测得以让我们及时推进干预措施，尽管有些讨论非常辛苦，但最终的员工留存率很好。到 3 月底，我们为每个国家的高价值和低成本部门安排了运营经理，并且其中 95% 的人已经到位（其余的人在等待签证）。

在运营层面（在客户处提供服务的人），我们决定，约 40% 的国家（按收入）要在 3 月份准备好拆分，另外 40% 则必须等到 6 月后再行动（主要是为了确保客户能够接受这样的变化，同时也是为了应对地址分散而带来的物流挑战）。虽然这违反了我们一站式彻底变革、加速价值实现、尽量减少干扰的重组原则，但有时你必须适应现实情况。不管怎么说，重组不到 6 个月就已完成，其速度远超绝大多数其他项目。

制胜之道 2：在新组织中为领导留一席之地

回到前文提到的水务公司的案例，现在到了设计细节和实施规划的时候。重组也已扩展到了现场操作之外，重要的变革按照公司对运营工作的规划和调度展开。简而言之，公司正在从一个按照净水和废水划分业务的企业，转变为一个囊括净水和废水处理的规划者、调度者以及执行者。显然，这种组织的变化需要不同的运营方式，也对公司领导的能力提出了新要求。

要在新的组织中给领导们一席之地，防止他们将自己视作被动接受重组的人，并在过程之初就告知他们的新角色。举个例子，某一地区之前负责运营规划、调度以及执行的领导，不再负责规划和调度，而是只负责执行工作，只不过负责的区域比以前更大一些。这种早期的安排让领导在新组织的框架中有了一席之地，也有了尽快达成协议

第六章
步骤四：正确执行方案

的动力（这也会大大缩短他们身兼新旧两个角色的时间）。对于员工而言，这也在一定程度上降低了重组的神秘性：他们不用想以后会向某个不认识的部门负责人汇报，因为他们知道以后的汇报对象就是玛丽。

当然，领导人的尽早参与并不会消除重组的所有问题。工资和工作条件的变化仍然会引起恐慌。某些业务领域更难以按照"规划、调度、执行"来分类，尤其是负责处理水管泄露和下水道泛滥的团队，他们的工作更为复杂，对公司的监管评估也有重大影响。做好这些领域的重组非常重要，我们也对整个流程和不同的活动进行了详细分析。

提前任命领导也有其他好处。它能够让我们预演重组后的绩效管理，让领导者知道如何践行职责。首先，我们会继续和领导就现在的职责进行常规的每周绩效管理评审；随后，我们会针对同样的（真实）数据进行另外一场绩效管理评审。在第二场评审中，领导们可以在新组织正式成立前实践一下他们的新角色。

我们第一次的预演简直是场灾难！领导们没有聚焦新角色（只关注规划、调度和执行中的一方面），而是继续习惯性地关注所有三个方面，关心起其他人的职责。显然，要他们只关注自己的新领域并且相信同伴能够担负起职责，并不是一件易事。第二次预演时情况要好些。第三次更好。到了新组织真正成立时，领导们已然准备就绪。

当然，当我们说第一次预演是灾难时，我们真正想说的是它非常成功。我们找到了领导需要在哪些领域增强技能，备战新角色。预演时出问题，总比新组织首次绩效评审会上出问题要好得多。当然，多数的重组出现的都是后一种情况：领导们没做什么准备就被空降到新的职位上，只能在真实的场景中积累实践经验，找出解决问题的具体办法。

重 组
麦肯锡变革方法论

制胜之道 3：实现 80% 的改变，落实 100% 的细节

我们服务过的一家全球零售商很好地展示了"80/100"原则。在进行了之前所有三个步骤之后，这家零售商决定减少管理层级，精简各国分公司和公司管理层之间的区域管理层。该公司还希望创建新的绩效管理、商店活动管理及创新流程。

首席执行官召集管理团队研究变革的实施事宜。除了亚洲区域的负责人，其他所有高管都支持改革。这位负责人对取消亚洲区的忧虑包括：亚洲的业务规模尚小（因此区域内各国难以支持其自身业务），各国团队的水平欠佳，此外，一项大型的商店转型计划仍在进行之中。因此他提出要求，希望将亚洲区的重组推迟一年。

管理层进行了详尽的讨论，最后的结论是这是一项合理要求，因此获准延期。他们认为一年内亚洲区的组织结构差异不会给集团带来重大影响。此外，公司还决定，虽然结构可以暂且不变，但亚洲区必须和其他区域同期更新绩效管理和活动管理流程。

在确定了 80% 的变革内容之后，公司开始对变革的细节展开深入讨论（100%）。这些细节的设计包括（但不限于）为新产品开发流程制定完整的年度计划明确表，明确谁负责做决策、做什么决策以及决策的时机等等。

我们没有提供完整的"决策权框架"，在我们的经验中，这些框架并不是特别有用。[11] 虽然这些框架能够详细说明每个领导的决策权力，但它们导致的规则手册太多了，在现实中根本没有办法落实（实际上，很多人根本就再也没从抽屉里拿出这些手册）。相反，最重要的是关注在每一步制定决策的人。一个工作组会对这一流程进行测试，工作组成员会对年度计划表中的每一步进行体验。在这一过程中，很多问题

会暴露出来，并且在最后一版流程中得到整改。另外，高管团队也会就变革进行沟通，以让大家理解为什么亚洲区可以成为例外。

首席执行官对整改组织不能齐头并进感到失望，但亚洲重组的延迟并没有给公司造成损失（亚洲的业务规模是最小的），而且她也理解，亚洲区在业务转型期进行重组的确存在风险。无论如何，公司其他领域的重组进展顺利并最终按时完成。

制胜之道 4：制定行动指南

我们曾和一家全球物流公司合作，在完成了前三步后，我们（和他们）在第四步发现了一个棘手的问题：这家公司太大了，因此由企业总部主导的变革很可能无法适应不同业务的需求。为了解决这个问题，公司决定规划仍由总部负责，但具体的实施交给各地方把控。

为了支持这个决策，我们和公司认为需要制定三个文件：（1）对重组完成后公司大致状况的描述；（2）为各业务部门创建精确方案的方法；（3）如何将这种方法推广到 100 多个业务所在地。

执行重组前三步的团队负责三个文件的制定。第一个文件，组织描述，详细介绍了当重组完成时一个理想的国家级和地区级机构在人员、流程以及结构上的应有特征。这种描述因国家和地区的大小而不同，同时对哪些不可更改，哪些可以变通做出了明确规定。

第二个文件描述的是每个国家或者地区从当下组织转型到未来组织的流程。实际上这个文件是步骤 1、2、3 的一个简化版本（整体方案确定的情况下，本地版并非必需品）。

第三个文件描述的是扩展方案。它详细介绍了哪些国家和地区在何时进行重组，以及何时实现重组的价值目标。

　　这三个文件合在一起，就形成了一份行动指南，地方业务的管理者可以依此实施重组。

　　吸取了这些案例的教训之后，让我们回到艾米莉亚和约翰的公司重新展开第四步，然后看看这一次会有什么不同——也就是说如何才能做得更好。

　　最后一次关于新组织的会议成功举行之后，艾米莉亚意识到还有很多工作要做。她和约翰碰了面，约翰要求她在重组完成前继续负责项目团队的工作。他俩都认识到，有必要重新审视所有工作，制订规划，加速重组，同时保持领导团队齐头并进。

　　艾米莉亚和团队把接下来的一周时间花在了开会上。他们按照人员、流程以及结构确认了所有需要完成的工作领域。她很快意识到 IT 系统更新的必要性，此外，她也需要人力部门提供更多支持，帮助她设计管理新角色、物色人选以及开展必要的裁员。第四步所需的人力资源明显高于前三步，因此，她要求约翰安排 IT 业务伙伴和人力资源代表进入重组项目团队。

　　规划完成并且通过之后，约翰和艾米莉亚私下里就新组织的领导任命问题进行了商议。他们决定减少高管人员的数量（有两个恰好即将退休），将部分小国的业务合并到一位总经理职责之下，并将部分总经理安排到新的职能部门。他们决定让北美的总经理担任总部资本项目的负责人，法国的总经理担任交易部门的负责人。当约翰把这个消息告诉两位领导时，他们颇感震惊。北美的经理告诉约翰，他只对美国业务感兴趣，不想担任全球性职位。约翰只能同意他的退出，同时安排人力资源寻找替代者，并且确定了相关的薪资问题。尽管不尽如

第六章
步骤四：正确执行方案

人意，但让约翰高兴的是，事情得到了尽早的解决。与此同时，对交易充满激情的法国总经理热情洋溢地接受了新角色，他积极主动的姿态也让艾米莉亚松了一口气。有了对未来的考虑，他对重组法国业务的态度也变得更为缓和。当然，监管和工会的阻力仍在，但在多数情况下，重组目标是能够实现的。

接下来的一周，约翰和艾米莉亚又召集了全体管理者会议。现在管理层已经习惯了这种决策模式，也不再缺席会议：他们知道新的组织即将诞生。经约翰许可，艾米莉亚以收入和运营为确定标准，对哪些业务必须重组、哪些可以例外做出了划分。只有东欧和亚洲的业务不需要重组。法国则只是暂时例外，重组是必需的，只是时间表可以往后推。约翰还设置了三个固定期限：第一个事关各国公司对地方组织结构、流程的调整以及最终的职位数；第二个事关新领导的提名（总经理以下级别）；第三是新职位员工的提名（尤其是新的交易中心业务）。为帮助各国的团队，艾米莉亚承诺在一周内给他们寄一本行动指南并提供行动模板。与此同时，艾米莉亚和中心团队启动了统一化的裁员流程、IT 变更和流程再设计，这些流程不应该继续存在地域差别。

在领导人会议就规划达成一致后，艾米莉亚和约翰开始准备与公司其他人的沟通。沟通采用网络广播的形式：一个在早上，面向欧洲和亚洲；另一个在下午，面向北美。在网络广播中，约翰向员工重申了重组的商业理由，介绍了新组织的大致运转方式，并告知员工何时会有下一步的信息。尽管许多问题表明员工仍担心自己的工作，但对未来事项的清晰安排的确让他们感到宽慰。此外，约翰和艾米莉亚已经事先和总经理们打了招呼，他们相信这些领导人能够很好地跟进所有可能出现的问题。

尽管最后期限难免出现一些拖延，各地的投入情况也不一样，但在约翰的鼓励下，艾米莉亚还是在第四步启动的 4 个月后完成了全部工作。法国将在三个月后跟进。东欧和亚洲只有在营收达标后才会进行重组。但公司的 85%（按收入计算）将按时完成重组。现在，艾米莉亚的任务完成了吗？

步骤四过程中的沟通技巧

员工和领导的需求。对于员工来说，这一步比上一步更关键。在这一步中，员工会了解到关于他们新工作的信息，其中的一部分人还会考虑去留问题。打算离开的员工需要了解相关的条款以及会在这个过程中得到何种支持。决定留下来的人则需要做好准备深入了解重组后的新世界。对于未来，领导们在上一步或者这一步的初期就应当了然于胸。但即便如此，他们在这一步骤中还会有其他的需求。此外，这一步也到了需要领导来解释组织新安排的时候。

沟通什么。在这一步的开始，你应该沟通的内容包括组织中的哪些职位会发生变动以及变动的理由。实际上，在欧盟内部，你必须视变革的规模来依法开展相关的协商，而且这种协商需要提早展开（参见附录 C）。你需要向你的领导提供相关的材料，以便他们开展同员工的沟通工作。最后，在员工做好准备迎接新职责时，你也应给予激励和鼓励。

如何沟通。如果你已经进入协商阶段，你需要进行广泛而有效的交流，就变革如何进行展开协商。不同的地区可能有具体的法律要求

（参见附录 C），因此，重要的是要保证你的人力资源重组团队密切参与决策，而你也可以在必要时寻求法律建议。你可以运用多种沟通方式，如大厅交流、电子邮件以及来自管理者的海量简报，这些都可以用上。通常而言，在这一步，我们需要更多的人参与信息的沟通和传播。在此之前，信息的传递者主要是首席执行官或者被重组部门的相关领导，或者其他关键领导人。现在则需要更多的管理者参与到信息沟通中。你应当为领导和各经理层留出时间，让他们好好演练，以应对刁钻的问题和复杂的情势。他们必须先熟悉和掌握相关的信息，才能和团队成员进行有效的沟通。如果重组想要顺利完成，变化的不只是汇报线，还有人员和流程，沟通的内容也相当复杂。举个例子，我们曾经将一家制药公司的数百位管理者召集在一起，花了一整天时间来讨论应该如何同员工交流以及如何向他们解释事情的进展，之后我们还以小组为单位，就一些棘手问题的处理进行了演练。比如，如果一位表现优异的员工问你他的工作是否能保得住，你应该如何回答？法务和人力资源的经理会在场提供辅导和支持，以确保所有人都依法行事。在这方面的时间投资是无价的，因为它能确保人们就事情进展得到清晰一致的答案。当员工准备好适应新角色时，你可以围绕着美好的明天展开一轮振奋人心的传播，因为这时候员工（终于）能听进去这些了。你可以运用演讲、电子邮件、海报等传统的沟通方式，但也应当考虑一些更为新颖的传播手法，例如你可以搞一些视频，让员工自己讲一下他们工作方式的变化。在这一步骤中，监控沟通效果，并根据反馈及时做出调整最为重要。

步骤四总结

陷阱	制胜之道
·长期循序规划，渐进实施	·平行规划，果断执行
·任领导因循守旧，拒绝改变	·在新组织中为领导留一席之地
·改变一切，或一切都不变	·实现 80% 的改变，
	落实 100% 的细节
·令员工陷入困惑	·制定行动指南

如何在自己的组织中运用这些策略？

· 启动本步骤时，对新组织运行的所有必要活动及预期价值做出评估。使用本章中的模板 / 清单。

· 确定你想如何实现这些变革：按照层级递进，或按照职能推进，或同时进行。

· 确保包含了所有必要的行动，排除所有锦上添花类的动作。

· 按照 3~4 个月内启动新组织的规划逆向倒推各项活动（如果重组较简单可以缩短时间）。确保在最初阶段就引入人力资源。

· 为活动规划设定两三个固定截止日期，并事前就此与领导团队达成一致，在出现任何问题时立即与重组项目发起人或相应高管进行沟通。

· 与领导一起解决当下问题。不要怀旧。某些人在旧组织中能取得成功并不意味着他们也将在新组织中获得成功。使用"换掉其中 20%，职位轮换 30%，保持一半不动"的经验法则作为行动依据（尽管每个组织各不相同）。执行这条经验法则并不容易，因为它影响的是真实的人以及他们的工作。但只有正确的人待在正确的位置上，重组才能成功。在与领导取得一致后再考虑进行更广泛的组织沟通。

- 依据业务准则（最好是围绕财务或运营指标），以客观的度量标准来确定组织中哪些部分可以成为重组的例外。一方面，请记住重组是为了满足业务需求（不要为了一致性而推动一致性，因为它可能导致效率低下）；另一方面，不要接受任何主观的例外。

- 确定业务或职能部门自身需要展开的行动（特别是组织结构和人员数量方面）。尽早让他们参与进来，并给予方法支持。确定哪些行动最适合集中推进（特别是人员流动、流程和 IT 系统等方面）。

第七章

步骤五：启动新组织，复盘总结，保持航向

重组实施已经启动，但这是否意味着大功告成？别忘了本书在前面的建议：要像对待其他业务问题一样对待重组。如果你认为重组是一项业务工具，那么，除非它带来了你想要的结果，否则就不能说一切都已经结束。因此，现在到了确认重组成果，保持组织新航向的时候。请根据之前或现在进行的重组思考一下几个问题：

你如何评价重组结果？

    0. 我们信任重组领导人。

    1. 我们为每个业务和职能部门设立了是否彻底完成重组的标准，并对此进行监控。

    2. 我们衡量了重组的详细投入（例如新的资金流程运转情况，增加了多少销售电话，运营时间的变化）。

    3. 我们衡量了重组的投入和业务产出（例如资本效率是否提升，销售额是否增长，运营成本是否有变化）。

重组后，你对业务线提出了什么建议？

    0. 我们告诉他们不要再考虑重组的事情；是时候恢复正常了。

第七章
步骤五：启动新组织，复盘总结，保持航向

1. 我们告诉员工，他们现在需要以不同的方式工作。

2. 我们再次强调了重组的业务逻辑，并要求大家对结果负责。

3. 我们推出了业务改进举措，以实现我们想要的价值目标。

你如何认知并解决新组织中的问题？

0. 我们确信在组织设计方面做出了正确的选择，所以任何问题都是初期的小毛病。

1. 出现任何问题我们都会尽快处理。

2. 我们在行政管理体系内部建立了正式的问题沟通程序。

3. 我们在行政管理体系内部建立了问题沟通程序，并且在重组实施后开展规范检查（类似汽车的 5000 英里 [①] 检查）。

你如何从你的重组中总结经验教训？

0. 我们从来没有这样做过。

1. 我们记录了参与重组的人员，这样我们就知道下次要找谁了。

2. 我们有一个总结重组经验教训的正式程序。

3. 我们追踪重组带来的所有业务产出，将其与我们所采取的行动进行比较，从中吸取经验教训。

现在统计你的分数。我们认为这是重组中最不需要深思熟虑的一个步骤。所以，如果你的分数在 9 分以上，请联系我们，我们愿意倾听你的经验。如果低于 5 分，则说明你没有将重组的价值最大化。让

---

① 1 英里约等于 1.6 千米。——编者注

重 组
麦肯锡变革方法论

我们再次回到能源公司的例子，看一下关于重组实施后的一些典型问题。

经过一周的熬夜苦战，在解决了一系列紧急棘手的管理问题，并确信一切措施均已就位之后，艾米莉亚再次清理她的办公桌，准备重返日常工作岗位。新组织顺利启动，反对者担忧的问题也未出现。除了十几个需要去伦敦新交易中心工作的人还在等签证，其他人均已就位。所有近期改组的系统都运转正常。裁员虽然是一件苦差事，但也进行得快速平稳，运营基本没受到影响。艾米莉亚松了一口气。事情并不容易，但艾米莉亚还是坚持了下来，而且所有迹象都说明重组取得了成功。

在最后一次每周例会上，约翰对她和团队的努力表示了感谢。重组团队的十几位全职成员功成身退，所有人都在新组织中获得了相应职位。一如既往认真负责的艾米莉亚为约翰的办公室主任准备了一份交接文件。在文件中，她为各地的重组是否得到了有效执行设定了若干标准。她还为法国企业制定了完成转型的时间表。此外，她还根据经验，确立了新地区业务（东欧和亚洲）转型的标准，并为转型设定了总体框架和规划。

启动新组织的第一周，约翰又在整个公司进行了两次网络广播。他承认，过去的几个月的确是一个艰难时刻：一些优秀的同事离开了这家企业，另外一些人，比如他自己，则不得不举家搬迁到新的地方——通常是新的国家。他感谢员工们的耐心，并重申这一切的必要性：企业只有削减成本才能在竞争中取胜。现在，他希望公司未来的发展能够实现股东的期许，超越对手，并为员工创造一个真正良好的

第七章
步骤五：启动新组织，复盘总结，保持航向

工作环境。最后，他告诉大家，重组已经结束，现在是恢复正常工作的时候了。

数月之后，艾米莉亚已经在新的中央资本项目高级成员的岗位上如鱼得水。利用对一线工作的了解和组织人脉，她力求团队的治理流程务实而不繁冗，并准确反映市场部门的需求。过去的几个月中，她曾经接到首席执行官办公室主任的几次电话（包括损益表和交易转让价格，以及确保法国业务部门的要求符合重组初衷等）。但现在她接到了约翰本人的电话。约翰告诉她，一些问题在恶化，而且引起了他的注意。工厂运营和交易部门之间合作不畅，双方都在指责对方。少数业务的财务业绩不符合最初设定的运营目标。安全性能没有提高。此外，各地的资本项目经理们也陷入困惑：在需要改变或调整项目标准的时候，他们不知道应该得到谁的许可。

公司抽调了艾米莉亚和原来团队的一些相关成员，希望用一个月的时间来解决这些问题。技术解决方案并不难实现，需要时间的是改善业已恶化的对抗关系。有好几次，她不得不求助于约翰来安抚相关的高管。对于那些未能实现降本目标的业务，与重组无关的其他成本才是破坏重组成果的始作俑者。如果没有重组，相关情况会更糟。艾米莉亚总结说，重组仍是成功的，至于部分涉事管理者所产生的不同观感，则需要时间来改变。

介入之后，艾米莉亚和约翰再次见面，就重组的教训进行了讨论。他们的意见很一致：显然重组是必要的，但鉴于其痛苦过程，他们不希望很快看到公司再次进行大规模重组。与此同时，他们意识到，他们所在的行业正在持续转型，与气候变化相关的监管措施也在变化之中，此外，还有不少专注于某一板块业务、发展迅速的新加入者。他们得出结论，公司仍非常需要针对业务不同部分进行小的组织变革。

因此，艾米莉亚将之前所有积极参与重组的人梳理了一遍，并将名单交给了人力资源副总监。如此一来，当需要重组时，各地的领导人就会知道谁来帮助他们。到此为止，艾米莉亚和约翰宣布重组结束，回到了他们的日常工作。此时距离重组启动之日正好过去了 18 个月。

在缺乏经验和规划框架的情况下，约翰和艾米莉亚已经拼尽全力。但如果你读过这本书的其余部分，你会很清楚地知道他们的表现远非完美，还陷入了许多陷阱。我们会在下面做出解释。

陷阱 1：只衡量投入

重组过程从来不平静：重组需要不寻常的投入，而这也常常让投入成为重组目标本身。在整个流程结束时，重组的商业理据常常被抛到九霄云外。经常出现的情况是，重组进行了太长时间而不见效，因此只能启动其他措施，以实现当初设定的目标。这导致了我们前面频繁提及（但又无关紧要）的问题：业绩的改进到底是来自重组，还是来自其他举措？

在这种情况下，大多数高管最终都是通过观察投入多少来衡量重组的成功与否。以下这些问题常用来衡量组织重组的要素是否已落实到位：新团队成立了吗？新流程是否有效？IT 系统实现转换了吗？我们完成必要的裁员了吗？有时衡量标准也可能更为复杂：如果我们重组了销售，销售电话增加了吗？如果我们改革了研发过程，商业化是否能更快完成？如果我们改进了运营中的问责制，运营时间会增加吗？

以上这些测试是必要的，但远远不够。请记住，重组是一个商业问题，和其他并无二致。让我们拿产品发布做个类比。在产品开发的最后阶段，当我们把产品推出去，我们会以产品本身是否是一个好点子、是否满足了我们的计划来判断产品成功与否吗？我们是否认为产品的最终销售数字与我们无关，而是其他人的责任？也许我们是这么想的，但是，如果是这样的话，那说明我们的组织有更深层次的问题！理想情况下，我们不会只从投入来衡量成功与否，而是根据产品的销售情况来进行判断。重组也是如此。我们应该回到我们在第一步中为项目设置的业务目标，并密切监视相关的结果，以结果来衡量我们成功与否。同样，我们应该反思包括财务和人力成本在内的变革成本以及任何的经验教训，以为未来所用。当然，如果像许多重组一样，我们没能在最初就为收益和成本设定任何商业目标，我们就永远不知道它是否取得了成功。

如果你正在进行一次重组，但还不知道它应该有什么业务成果，那就很麻烦。我们的意见是：尽管不推荐在重组流程启动后才考虑重组的商业理据，但晚来总比没有要好。试着对重组的商业逻辑进行一些梳理。使用第一章中给出的一些数据来说服你的同事。这样，你至少有了判断是否成功的依据。

陷阱 2：任由问题恶化

现实不会完全按纸上的计划行事。正如威科集团的首席执行官南希·麦金斯特里所说："期望新组织从一开始就完美运行是不现实的。当你发现问题的时候，你必须接受和理解，并迅速地予以纠正。这不是说一旦遇到问题就要做 180 度的大转弯，而是应该按照先前的规划

重 组
麦肯锡变革方法论

逻辑，尽快发现问题，解决问题。

不幸的是，许多领导人会顽固坚持他们先前的计划，不管情况发生了什么变化。尤其是当重组的基本要素不完备，即只涵盖了框线组织架构却忽略了人员和流程问题时，这就变成了一个更严重的问题。旧的流程不再运行，新的对接和职责也不清晰，这让整个组织陷入困惑。如果不加以解决，这些问题可能会持续数年。举一个我们了解的公司的例子。通过重组，这家企业从一个地域导向型的公司变成了产品导向型公司。然而，各地的首席执行官虽然不再掌握资源和权力，但仍然身在其位，这导致他们在之后的数年中仍可以不断对新组织发动游击战，公司价值也因此遭到破坏。布朗勋爵对高管们做出如下建议："有时候，你的员工会比你更早意识到将要到来的事情，所以你需要听取他们的意见。毫无疑问，你需要理解大家的问题所在并向他们做出相关反馈，而不仅仅是告诉人们你想要什么。激进重组尤其如此，双向讨论非常重要。"

一种更好的解决方案是保持对问题的警觉，并在发现问题后及时做出反应。这也是艾米莉亚和约翰采取的方案。当然，这本质上是一种被动的方法。你可能不知道去哪儿寻找问题。你需要有人能够把问题及时反馈给领导层。然而并不是所有的公司都有这种开放的文化。有时候，当你试图阻止问题恶化时，事情可能会变得更糟——部分人可能不再支持重组，转向冷嘲热讽。艾米莉亚和约翰公司的案例就是如此。

最佳方案是建立一种尽可能主动识别问题的正式机制。当然，这意味着你要知道从哪里入手。作为重组的实践者，我们已经看过太多重组，足以从中发现不同类型的问题。但站在你的角度，作为一个重组的领导者，你也可以利用眼前所有相关的讨论、关切、问题和艰难的决定来识别潜在问题。一旦如此，你就可以借助两种正式的机制。第一是设置早期预警指标，对问题做出提示。例如，如果你认为销售团队可能难以适应新模式，就应该更多关注各区域的销售数据，如果重组后销售数字出现下降，你就应该加以干预，帮助销售团队解决潜在问题（而不是惩罚他们）。第二种是设置"5000 英里检查"的正式机制，引入重组团队的部分原始成员对结果进行压力测试。至于开展此项测试的良好时机，可以是在管理绩效出炉的一两个周期之后，这样你不仅可以检视业绩，也可以了解新组织中员工的士气和参与度，调查潜在问题。在快速发展的服务行业，这项检查可能会在一个月后展开；在一个发展缓慢的资本密集型行业，则可能是在三个月后。

陷阱 3：回到从前

下面的情形是否似曾相识？我们已经为重组工作了好几个月，甚至数年。它占据了我们的生活，但我们不想这样。我们已经把 40% 的时间花在了重组上，可老板还是期望我们把日常工作做好。我们好疲惫，家庭生活也变得痛苦不堪。有好几次，我们还对同事、伴侣或孩子发脾气。我们已然忘记了重组的初衷，如今最大的愿望是赶紧把它搞完。重组完成之后呢？回归日常。我们的领导者（或者我们自己就是领导者）也对这种情绪心知肚明，并将此视为理所当然：重组已经结束了，伙计们，让我们一如既往吧！

在许多情况下，非必要的自上而下重组会让问题变得更严重（参见第三步），自下而上的手术式重组则要好得多。自上而下的重组会从首席执行官和他（或她）的下属开始入手，触动组织的前几层。但由于过程太久，重组早在涉及一线员工之前就已经寿终正寝。正如前面

重 组
麦肯锡变革方法论

所指出的,有时候重组领导人会把这当成一种胜利:"看,我们没有影响大多数人的工作,风险得到了有效管控。"(这句话还有句潜台词:因为我们只专注于管理层的更迭,因此也未能通过重组带来任何价值。)

那么,重组的目的到底是什么?如果我们和其他人一样未设置任何业务目标,未评估重组的结果,那结论也就显而易见。重组只是我们肩上的重担。但是,如果你已经认可本书到目前为止的逻辑,你也会同意,这种视重组为负担的思维方式,虽然可以理解,却是一种失败的征兆。重组并不有趣,其唯一目标是带来商业价值(削减成本或增加营收)。重组通过改变人们的工作方式来实现价值,而且必须是通过大规模的改变。所以,现在是时候告诉你的团队:"让我们开始新的工作方式吧,那种我们一直在谈论的可以降低成本增进营收的方式。"不然的话,我们为什么要让自己和同事遭重组这份罪?

陷阱4:因小失大

到如今,你可以说完成了一次重组。希望你按照本书的指导,在应当实现价值之处皆有所获。这个过程无疑充满挑战。你和你的同事从中受益匪浅(当然这种收获可能是你再也不想参与一次重组了)。不过,你的公司肯定还会有其他进行重组的时刻,或许不是马上,或许并非同一领域,而是某个不同功能或业务部门的事情。正如我们在本书中讨论的,大多数重组都有类似的问题。所以,遵循产品发布或者资本项目中的惯例,以某种正式方式总结相关经验来确保你(或你的同事)可以从中吸取教训,也不失为一种有益的方法。但现实中做这种复盘的少之又少,有的甚至从来没有进行过总结。这或许是因为每个人都在忙于回归,他们把这该死的东西抛在了脑后,然后重返往常

第七章
步骤五：启动新组织，复盘总结，保持航向

的工作（这句话隐含的意思是，重组这样的坏事再也不会发生了）。然而，由于商业环境日新月异，重组只会越来越多。

到目前为止，我们还没见过一个能够系统总结重组的教程。这对重组顾问来说似乎是个好事情，但对公司来说却不是什么好消息。实际上，对于重组顾问来说，这也不是什么令人兴奋的事情：如果你总是不断重复解决同样的基本问题，生活也不会有什么乐趣。重组中存在的问题千千万万，如果公司能学会解决基本问题，并且只在遇到更具挑战性的问题时才会寻求外部建议，我们也能够提起兴趣。如果你的公司已经以结构化的方式总结了重组，请与我们取得联系，以便让我们能够请教一二。

倘若尚无复盘总结的正式方法，次优的选择是做好重组参与者名录，如此，当未来再出现重组时，我们可以向他们寻求帮助。通常，这些人可以通过人力资源获得。不过你也可能已经注意到了，一些在各个步骤都需要的技能，例如财务建模、项目管理、会议召集、冲突解决等，并不存在于标准的人力资源工具包中。正因如此，英国石油公司不但会保存一份重组人员名单，还开发出一套人力资源主导的标准方法和培训方案（公司为此开发的 IT 平台还因此获得了 2015 年学习与表现学会社会协作学习奖）。

在你了解了这一步中的陷阱后，你可能会意识到，问题的原因有两方面。第一个问题，也是最容易解决的问题是，你虽然成功完成了重组，却未能走完最后一英里，未能实现重组价值的最大化。第二个问题更难处理。如果你之前已经陷入前面几章所描述的众多陷阱，那么你现在正承受着不可避免的消极后果。我们希望你及时读到了本书，在重组早期就避开了若干陷阱。

最后，我们将分享一些如何躲过本章陷阱的案例。

重 组
麦肯锡变革方法论

制胜之道 1：既衡量结果，也衡量投入

让我们回到第三步首次提及的媒体公司案例。为充分利用其全球规模，该公司正在从一种极度本地化模式走向专注于特定客户群体（业务线）的模式。很明显，在最初的总体概念（拆分业务线）出炉后，公司还做了大量的方案细化和规划。之后公司又在各国公司层面落实细节（尤其是在两条业务线复杂交织的欧洲）。

现实生活总比理论更复杂。在一些国家，公司往往很难将不同客户群体明确区分开来；在另一些国家，悬而未决的并购或领导力缺失，或者两者一起给公司带来挑战。但是，通过专注于占收入和利润 80% 的业务，并且只允许合理的例外，我们还是实现了重组目标。在这个案例中，我们只是部分参与者，真正推动重组的是强大的内部团队，是他们确保了重组的连续性。

这一经验使我们能够从转型投入方面设置衡量标准：实现业务线拆分的国家数量，以及两条纠缠业务线的会计拆分和组织拆分的匹配度。很明显，现实生活表明，两条业务线肯定会有交叉。但由于支撑整个重组的背后逻辑是营收增长，因此，重组的原则是，本地业务线的负责人必须能够为 90% 的营收负责。

有投入指标当然很好，如此你就可以知道自己是否在按照计划行事。但结果（在这里是业务拆分后的营收增长）更为重要。因此新组织的收入增长受到了强烈关注。与此同时，我们也必须有务实的态度。在欧洲，最具增长潜能业务线的领导在快马加鞭地适应新角色，但他必须先从最大市场入手，然后再转向其他。重组并没有在一夜之间解决所有问题。不过，在重组后两年内，公司的营收从零增长转为了健康的 5% 的年增长。回顾过去，这位首席执行官认为重组是他"做过的

最为明智的事情之一。没有新组织，我们就无法实现增长。这种增长的价值远远超出了重组带来的破坏"。

制胜之道2：5 000 英里检查

前一章中我们曾提到过一家领先的工业服务公司。在该公司启动新组织一个月之后，业务部门主管让我们回来做一次"5000 英里检查"。如前所述，每个地域的业务部门都被分成了两个部门：一个专注于高技术、高价值但正在衰落的业务，另一个则专注于低利润、高增长的经营性业务。人员和流程已经就位，第一阶段的财务报告也即将完成。

我们做的第一件事是评估收入和成本是否准确地映射到了新的组织。我们知道这两个子业务单元（高价值和低成本）有着非常不同的盈利状况，因此我们找出了那些损益情况与预期不符的地区。令人高兴的是，损益情况与此前预期的潜在误差不到5%，这表明重组执行具有很高的准确性。在结果与预期不符的地区，我们又对个别成本线和工作指令开展了进一步调查，以了解两个业务之间的成本收入分布情况。某些情况下的异常现象合乎商业逻辑，但在有些情况下，收入和成本确实是错配的。最常见的原因是新组织机械复制了过去的工作指令方法。掌握了这些，我们就能够为当地的财务控制人员提供额外的详细指导，以确保第二个月的财务报告更为翔实准确。

第二，我们进行了一次大规模全覆盖的跨部门员工调查。调查要求受访者对重组的利弊以及中心团队提供的帮助做出评估。回答是匿名的，但人口统计信息使我们能够识别这些回答来自哪些地方或者层级。新工作方式给这些部门带来了诸多挑战。我们还要求受访者举例说明新组织从哪些方面增进了销售或提高了效率。这些故事可以让我们发现适合全公司推广的新举措，通过内部宣传来提供营销材料，促进新组织发展。

最后，为了帮助业务部门领导实现新组织预期的收入增加和效率提升目标，我们制订了一个详细的计划。这个计划特别关注成长中的子业务部门，而大多的变革也集中于此。我们与子业务部门的领导和团队一道，确定了 7 个大类的 45 项行动，并规定了每个类别的业务结果。此外，我们还在计划中设置了节点，便于业务部门的主管和团队对转型进行绩效管理。

制胜之道 3：改变工作方式

我们在本书中一直强调，只改变结构（汇报线、职能、治理等）是不够的。成功的重组需要同时进行人员、流程和结构（数字，能力，心态和行为）变革，三者相互促进。

举个我们参与过的例子。为了满足部分客户跨地域联合服务的需要，这家业务覆盖全球的物流公司决定进一步推动行动的全球化。他们将部分职责，尤其是适用于全球性大客户和全球客户关系管理的复杂供应链产品开发职责放到了总部。不过，由于各国业务部门仍继续负责服务的交付，实现这种变革并非易事。

公司发现，在结构变革和流程调整（全球业务部门掌握了针对全球客户的决策权）之后，多数员工的行为与先前并无二致。针对这种情况，我们使用文化调查对现有的公司文化进行了分析。调查显示，公司有着很强的运营文化，但在协作、创新以及竞争对手和客户的敏感度上仍相对薄弱。为了克服这些缺陷，公司领导认为应该在整个组织内增加合作，而专注于服务全球客户的全球部门应该提高创新意识，并增加对外部的了解。

于是，公司采取了一系列调整员工心态和行为的措施。这些措施包括四个方面：

- **对协作的重要性做出清晰解释。**包括讲故事（比单纯列举事实更有说服力）以及其他各种各样的沟通（不仅仅是发邮件）。
- **改变激励措施。**最关键的是改变评价标准，以便让各国部门和总部都得到应有激励，更有动力服务新客户。
- **能力建设。**这一项活动主要在各国以小组形式开展，各团队可以就如何更好协作展开讨论。
- **角色建模。**这一策略主要针对高层团队展开，他们显然要在全球项目上紧密合作。

在结构和流程之外的文化变革是一件艰苦的工作，需要领导团队的紧密配合。此外，组织的改变也需要时间（领导的协作改进需要在6个月内实现，但变革完全落实需要两年的时间）。尽管如此，当这些变革真正落地时，人们在新组织结构中的日常行为就会发生变化。单纯改变结构就像换一辆车，改变流程和人员则如同改变了开车的方式，如此可以更好地发挥新车的优点。

制胜之道 4：总结教训

前面已经提到，迄今为止，我们还没有见到有公司对重组做出了必要的复盘总结。如果你的公司是个例外，请不吝赐教。我们期待大家到本书的网站 www.reorg.book.com，就当下或之前的重组分享经验。我们希望所有企业都能注意记录，并且独立发展出一套总结经验教训的方法。

现在，我们回到能源公司的案例，看看这家企业如何在最后阶段做好复盘总结。

在结束重组工作之前，艾米莉亚还做了两件事。第一，她和约翰及管理团队一起，就重组结果设计出一系列衡量标准。为了尽量减少对业务的影响，她尽量采取已有的标准，但是她对标准的使用更为频繁，并且将这套标准转交给了约翰和他的办公室主任。这些标准包括以下几个领域：

- 重组的结果预期：更低成本的资本项目，更低的人员成本，更高的交易收入。
- 重组的投入，如新职能人员占比、发出裁员信的数量、为新职能员工开设的培训课程等。
- 变革成本，包括产生的财务成本（例如任何第三方的支持或就业安置服务）和人力成本（例如受影响员工数量以及对员工敬业度和留存度的影响）。

鉴于围绕着重组花费了数月讨论，艾米莉亚还着重突出了对风险的测评，重点包括：资本项目实际进度和计划是否相符（此前有人怀疑新流程会拖慢进程）；发电厂，尤其是人口大量减少国家中的电厂是否可用；项目的进度安排；变革期间员工士气的下降；拆分交易和发电后损益表的准确性（考虑到某些假设是围绕转移定价确定的）。

第七章
步骤五：启动新组织，复盘总结，保持航向

艾米莉亚做的第二件事是制订计划，为新组织运行两个月后的"5 000英里检查"做好准备。在约翰的帮助下，她已经和团队中的部分关键成员达成协议，之后他们会重聚在一起，进行一次为期三周的重组评估。如前所述，她团队中的每一个成员都在新组织中获得了不错的职位。

有了这些规划，艾米莉亚终于可以享受重组之后的时光了。重组很成功，事实证明反对者是错误的。实际上，一些重组的反对者由于无法适应新的流程而被请出了公司（当然，大多数之前的反对者都已经适应新环境，部分人还转为了支持者）。

约翰在网络直播中提醒大家重组只是开始：这就像一只足球队只是确定了阵型，选择了正确的球员，并开始准备比赛。现在到了球队采取不同打法赢得比赛的时候。借着重组团队此前在人员和流程上的工作案例，约翰提醒员工说，团队中的很多人都需要改变工作方式，尤其是资本项目、运营以及交易部门。他对大家说，这些都是公司未来领导人需要的品质。当然，很多人对此还持有怀疑态度。但约翰在所有的演讲、出访以及管理会议中不断重复这些观点，并且要求领导团队身体力行。

现在到了进行"5 000英里检查"的时候了。

艾米莉亚团队对电力生产和交易最新的两次损益报告做了评估，并对各国的情况进行了对比。在比例差距较大的国家，团队成员会展开访谈，以了解转移定价和分配流程的运行情况。在多数情况下，他们都找到了合乎情理的解释。但也有部分规则需要修订或者加强。

团队也对公司内各部门受影响的员工进行了网上调查，请他们对变革做出评估，提出问题，并且给出建议。调查是匿名的，但是艾米莉亚和团队可以通过级别和地区分布来确定最大问题出在哪里。然后

重 组
麦肯锡变革方法论

他们可以通过与领导的面谈来跟进。结果显示主要的问题仍在于沟通不足。尽管前期做了诸多努力，一些人还是认为重组不过是"之前各种变革的新版本"，对其不以为意。鉴于组织大体运行顺畅，艾米莉亚开启了新一轮旨在厘清主要问题的沟通工作。她所在的资本项目领域需要一次重大革新。之前，重组团队的设想是设立一个中心化的工程技术部门负责标准变化的审核，但现在看起来这一步迈得太大，降低了工作效率，因此艾米莉亚建议在维持其他功能中心化的同时，把审核权重新交还地方部门。

在确定了新组织最后所需的调整之后，约翰和艾米莉亚及她的团队一起举行了一次正式的复盘总结会。整个团队回顾了重组流程的五个步骤，找出了他们曾经掉入的陷阱，并总结出他们在整个过程中最成功的举动。利用会议上获取的信息，艾米莉归纳出了重组的主要行动、更好应对陷阱的方法，以及应当牢记的成功经验。之后艾米莉亚的报告发给了人力资源、业务及职能部门的负责人以及世界各地分公司的人力资源部，成为未来重组的参考资料。

迄今为止，所有的迹象都说明艾米莉亚主导了一次成功的重组：成本降低了，中心化的交易职能部门也正在抓住新的机遇。当然，重组是否取得了成功，还要看新组织是否能实现预期的商业目标。这次重组也让她加快了升迁的脚步。如今，她已经有了更高级的职位和新的挑战。而她以前担忧的那些事呢？的确，重组一路上充满艰难的沟通，但她并没有因此和老板、同事以及员工疏远。即便大家对她有异议，她坚持遵循正确行事方法的理念却得到了从上到下的一致好评。与之前见识过的所有重组相比，这显然是一段不同的经历。"在未来的某个时候，兴许我还会愿意主导另一次重组。"她想。

步骤五过程中的沟通技巧

员工和领导的需求。新组织已经运行，你可能因此产生一种错觉，以为大家都已经对此心领神会。但请记住，重要的不是幻灯片里描述的变化，而是不同岗位上真实的人。到目前为止，公司从上到下都只是在认知层面融入了新组织，他们需要在实践层面理解它：他们应该如何以不同方式完成他们的工作？这种实践层面的新理解会导致不同的问题产生，其中有些是你从来没有想过的。计划的动机再好，也无法在现实中完美体现。

沟通什么。在这一步，你需要回到重组的业务目标：一个关于重组的大蓝图以及 3~5 个实现这一蓝图的重大组织变革。重组只是实现商业成果的其中一步。英国森特理克集团首席执行官伊恩·康恩说："你需要在 18 个月到两年的时间内只关注一件事。因为如果员工听见首席执行官不断重复一件事，他们会知道这件事仍然很重要，也会将此列为日常工作的优先事项。"此外，一线的反馈也变得愈加重要。与其宣称一切尽善尽美（这是永远不可能的），不如仔细聆听来自业务线的反馈，了解新组织存在哪些问题，收集解决这些问题的建议。当然，倾听也需要鉴别，有些抱怨的人只是因为他们不喜欢变革。但其他人的意见是无价的，它们可以帮助你保持正确方向，实现预期的商业成果。

如何沟通。这一步最重要的沟通是自下而上的，因此你需要保持双向沟通的机制畅通（例如重组专用邮箱）。但同时也要让你的领导明白，你需要他们定期检验新组织的运行情况，并且按照固定时间表（例如每个月）进行问题沟通。也可以设立跟踪事件进程的具体机制，例如一个转型监控团队之类。[12]

步骤五总结

陷阱	制胜之道
·只衡量投入	·衡量结果，也衡量投入
·任由问题恶化	·5 000 英里检查
·回到从前	·改变工作方式
·因小失大	·总结教训

如何在自己的组织中运用这些策略？

·请记住，前面 4 个步骤中的许多陷阱会在这一步中表现出来。试着在重组过程中尽早解决这些问题。

·在现实中，纸上的规划从来不会按照你的预期实现。不要以为你的重组会完美无缺（永远不会），准备好调整方向。

·综合运用客观衡量标准、调查以及访谈，主动发现问题，找到解决方案。

·制订计划，安排重组项目团队开展"5 000 英里检查"（使用附录 D 模板中的检查清单）。检查时间应在重组后一两个管理报告周期（如此也可以评估商业成果以及重组的效果）。在某些情况下，可以通过简单的员工"满意度调查"来检测变革的有效性。

·除非重组实现了预期的效果（这需要过一段时间才能体现），否则不要宣称重组已经成功。

·总结经验教训。在全公司范围内建立相关内容的信息库，以方便领导和人力资源部门参考。另外，如果你愿意，也可以和我们分享这些经验教训，以帮助我们提升这一方面的业务知识。

第八章

融会贯通

如果你从头到尾通读了本书，我们要向你表示感谢。我们希望现在的你更有信心完成重组。如果你跳过了前几章直接翻到这里，我们也欢迎你的到来，但希望你能深入前几个章节，获取更多的细节内容。

　　我们不会在这里重复书中所有的要点。但我们确实想强调两条最重要的信息。第一，重组和其他业务问题一样，你需要了解它的好处，也要了解需要付出的成本和面对的风险，还要清楚实现重组所需的时间和精力。

　　第二，你重组的是人，你的所作所为会影响他们的职业、收入、工作满意度和幸福感。正如敦豪国际快递公司供应链人力资源总监罗布·罗森伯格告诉我们的："我总是不断地提醒自己领导者言出必行的重要性。在领导重组的时候，你会得到最细致入微的审视，与此同时，也不要错过任何口头和非语言暗示。你需要保持开放的心态去理解别人的问题。如果再来一次重组，我们会在如何理解个人需求方面做更多的工作。"无独有偶，安永前首席运营官约翰·费拉罗也认为："命令和控制越来越无法奏效。在运作和重组方式上要更具包容性。领导者要有同理心，要保持谦逊，还要有让所有人团结起来的使命感。"

　　因此，重组设计除了考虑商业结果，也要尽可能考虑到你的所有雇员——包括留下来的和离开的。核心在于我们在一开始就谈到的沟

第八章
融会贯通

通问题。在整个过程中保持沟通非常重要，因为虽然绝大多数人讨厌这类变革，但他们更厌恶不透明和不确定性。即便你能告诉他们的只是时间进度表，但有沟通总比没有强。总而言之，不要低估重组的痛苦程度。也正是因此，要尽快地完成它，这样人们就可以继续向前，推动新组织运转。从商业上来说这也是正确选择：通过快速行动，你可以将成本和风险最小化，更快地实现收益。

在本书中，我们讨论了重组要经历的五个步骤、陷阱以及制胜之道（见表 8-1）。这些步骤无不关键：跳过其中任何一个步骤都是非常错误的，只不过在小型、简单的重组中，你可以相对较快地完成每一步。陷阱和制胜之道都是经验之谈，源于我们主导的 15 次大型重组和参与的数百个其他项目。因此，即使你认为自己永远不会掉进这些坑，也要保持警惕，因为据我们所知，有很多能力非常强的高管也没能幸免。

表 8-1　对重组五步法的总结

步骤	陷阱	制胜之道
步骤一： 构建重组损益表	·对目标定义不清 ·对所需资源欠缺考量 ·没有统一的时间表	·明确定义价值 ·识别成本和风险 ·设定达成时间表
步骤二： 评估当前的 优势和劣势	·只关注劣势 ·只听领导的 ·听信传闻	·确认需要保持的优势 ·兼听则明 ·客观分析
步骤三： 选择最佳方案	·漏掉前两步 ·只关注框线设计 ·押注一种方案 ·绕过顽固的领导	·切勿漏掉前两步 ·关注人员、流程以及结构 ·考察不同选项 ·让领导当场表态

重　组
麦肯锡变革方法论

（续表）

步骤	陷阱	制胜之道
步骤四： 正确执行方案	·长期循序规划，渐进实施 ·任领导因循守旧，拒绝改变 ·改变一切，或一切都不变 ·令员工陷入困惑	·平行规划，果断执行 ·在新组织中为领导留一席之地 ·实现80%的改变，落实100%的细节 ·制定行动指南
步骤五： 启动新组织， 复盘总结， 保持航向	·只衡量投入 ·任由问题恶化 ·回到从前 ·因小失大	·衡量结果，也衡量投入 ·5 000英里检查 ·改变工作方式 ·总结教训

　　重组绝非易事。事实上，一个常见的问题是，它的难度总是被低估：重新画框线图很容易，但要想实现本书中讨论过的任何一件事情，都绝不简单。一方面，这是绘制卡通漫画和设计详尽工程蓝图的区别；另一方面，与友好的合作者坐在一起构想出一个方案，也不同于为组织提出一个有争议的方案。但如果你遵循本书的步骤，吸取前人依照这套方法取得成功的经验（有时也不那么成功），你也可以创建一个既能实现预期商业价值，又对员工有人文关怀的新组织。

附录 A　成本驱动型重组

降低成本常常成为重组必备的理由之一。[13] 不过，我们的建议始终是：在裁员之前，停下来考虑是否还有其他替代方案，因为除了人力成本，声誉和干扰成本也十分重要。我们看到许多组织在没有大幅减员的前提下，通过各种方式降低了成本，比如：

- 减少非人员支出（旅游、培训、住宿、法律成本、咨询成本等）。我们总是建议在确定员工需要花费多少成本之前，先看看整个组织的间接成本。
- 如果员工的技能适合新角色，将员工重新调配到增长业务领域。
- 在市场需求疲软的时期让员工休假，而不是裁员。

如果这些都不可行，你可以考虑下面提到的策略，但在实施时，你应该尝试以自然减员方式让员工离开公司，因为这个方法破坏性较小，而且会减少裁员成本。当然，这也意味着需要更长时间才能实现成本的缩减。尽管如此，如果必须进行大幅人员削减，本书前面的所有建议都很重要：在过程中保持透明，快速行动以尽可能减少员工的不安。

我们还建议不要把降低成本作为重组的唯一目标（尽管如此，如

重　组
麦肯锡变革方法论

果它是动机的一部分，也不应被隐瞒）。重组是一次对组织重新定位以让其更有效运转的机会。既然人们无论如何都要被干扰，那就不妨在考虑缩减成本的同时也关注一下营收机会。即使是最具挑战性的成本调整，也应当保持对营收的关注。那些一味削减成本的公司往往会走下坡路。正如英国邮政局人力资源总监尼尔·海沃德告诉我们的："我们的一大经验是，效率很容易实现，但只会触及表面且不会长期持续。你只能在长期效果上获得真正的收益，但这确实更难做到。"

让组织把成本因素抛开并不简单。这里有一个反面例子。一家国际能源公司需要节约开支，它首先简单确定了需要缩减的金额，然后要求每个部门按比例削减成本。缩减主要是通过裁员的方式，比例从17%~22% 不等。然而，现实情况是，该公司需要在某些飞速发展的技术领域投入更多资金。此外，在运营方面，公司的表现也远低于行业平均水平。更严重的是，人力资源部门和 IT 部门的不同层级职责大同小异，因此做了大量无用的重复性工作。显然，公司应该对这些部门进行更深层次的精简，这样做几乎没有战略风险。但该公司却面向全公司裁员。仅仅 6 个月后，技术和运营部门就开始大力游说，要求招聘新员工来承担"无法控制的工作量"，而人力资源和 IT 部门仍在进行大量重复工作。

对此，我们给出的更优策略是：先了解你的商业战略，并确认哪些活动创造价值，哪些活动能够使组织具备独特的竞争力。在公共和非营利部门，这可能意味着政治成果的交付、帮助贫困人口的数量、活动的举办、学业成绩等。当这一步完成后，你就需要投资于价值创造活动，并削减其他方面的成本。

这种思维所带来的变化可能很剧烈。举个例子，一个政府支持的环境组织花费了大量时间监测单个物种，并就如何防止其灭绝进行了大量宣传活动，但实际上该组织的领导者却认为气候变化更重要，且他们能在该领域发挥更大影响力。于是，该组织启动了成本缩减行动，并将其作为一次自我检省的机会。与物种灭绝相关的游说和政策活动被叫停，20% 的员工也因此失去了岗位。不仅如此，该组织又将另外 20% 的员工与一些从事物种灭绝工作的员工一起，转到其他非营利组织。该组织还进一步扩充了从事气候变化的员工队伍，加强了相对薄弱的人力资源和财务职能。结果，该组织的规模变小了，成本也降低了，但核心目标的完成能力却得到加强。这一结果同时也表明，艰难的重组并不只关乎成本削减，更关乎该组织如何在公共政策的关键领域发挥真正作用。

从实际出发，以下 8 种方法可以帮你认识何为真正的成本缩减，并让你的决策更具客观基础，减少情绪化和争议性。这些方法都要求对组织活动有一个详细的了解（第一个除外），而不仅仅考虑员工数量。

1. **更改管理宽度和层级**。领导者习惯于把他们的组织看作框和线。但请试着把组织（不论是整个公司还是其中一部分）展示为一个由不同层次员工组成的金字塔，另外，请注意平均管理宽度（向领导者直接汇报的下属人数）的比例。结果可能让你惊讶：这张表可能一点也不像金字塔。在很多时候，你会看到一个管理宽度有限的新兴中层，但在其他情况下，你也可能会发现，有一整级的员工是有问题、可以裁撤的。通过研究如何将管理宽度最大化到合适的比例——或移除整个层级——可以实现显著的缩减。确保将节约下来的资源投入到现有管理层的质量提升之中（有时候也需要扩充管理层的人员数量）。

2. **转变职能**。在不裁员的情况下，有时候你可以把一向由承

重 组
麦肯锡变革方法论

包商承担的工作转移到公司内部。例如，在一家合作过的能源公司中，我们发现某一领域的运营人员很多都是工会会员，工会很乐于与我们合作，了解哪些工作可以由承包商转移给公司内部人员。工会也承诺共同努力，提高绩效，实现更高的产出。

3. 精简活动。这是运营改进，而不是组织变革的典型方法。重组带来的流程改进通常更多关注角色的清晰性和有效性，而不是节约成本。尽管如此，有时也可以实施传统的运营改进项目（确定方案，试行，然后推广），同时进行重组，并通过重组将业务变革嵌入组织中。我们在一次现场业务的重组中有过此类经历。那时，现场运营变革的经验和总部的组织变革理念合二为一，形成了一套共同建议。一些变革关注的是成本，另一些则侧重于效率：例如，通过更有效的承包商管理创建新职能，把某个工作领域的成本缩减了90%。

4. 削减项目。通常，当领导打定主意并启动一个项目，就会组建一个团队来付诸实施。这类团队很少会在项目完成后转向其他岗位，而是留在原地，他们的项目也随之变成了一项日常业务。另外，由于业务的变化，许多过去至关重要的工作会变得多余。相比通过简单的裁员并期待员工通过更努力工作或寻找捷径来实现同样的结果，领导需要识别这类非必要或低价值的工作并及时叫停。

5. 降低活动频率。节约成本的另一种方式是降低某些活动的频率，比如，内部审计、薪酬基准评定以及内部管理汇报等。当然，做决策需要权衡价值和风险，但任何决策都不会只是单向的（也就是说并非只能做加法）。打个比方，在石油和天然气行业，压缩机每年都要进行维护（拆卸和检查），事实证明这样的维护频率可能导致机器更容易出故障。让压缩机自行运转，而不是经常拆卸检查，通常可以节约成本并提高性能。

6. 集中活动。 在很多公司，相同的工作会在组织内部多次重复，支持部门（如人力资源、财务、IT、行政和通信）的工作通常属于此类，其他例子还包括战略和大型项目（超过一定成本的项目）的工作。销售和运营工作通常需要在当地开展。在这里我们要区分在一个或多个地理区域的活动集中与汇报线的集中，只有前者（承担彼此工作，共同执行类似任务，更好地安排优先级等）才能真正实现成本缩减。至于后者，有一个能了解全局的决策者很重要，但集中汇报线本身并不能节约成本（只是减少了管理宽度和层级）。适当的工作集中开展可以提高效益和效率（比如制定统一标准和更有效的做事方法），但要注意：有些事情更适合本地化。以人力资源工作为例，赔偿、福利、工资、招聘和培训这些主要工作可以集中开展，但人力资源作为业务伙伴就业务问题提出建议，则通常需要离管理者较近，即需要在当地进行。

7. 业务转移。 在全球市场中，拥有高技能和良好语言能力（尤其是英文）的人才在低薪酬国家也能找到。业务转移的图景在不断演变：2016 年，中国公司把业务从中国大陆转移到劳动力更廉价的东南亚地区。通常，这种为了节约成本而采取的行动和集中化行动是一样的（只是集中到低成本地区）。另外，对全球性公司而言，出于 24 小时不间断运行的需要，它们也会把业务转移到三四个低成本国家。

这些行动成功的关键，在于学会如何在这些国家立足。因此无论是托管经营，还是来自该领域有经验公司的建议都非常重要。当然，后者的价格需要被纳入成本节约方案。

8. **业务自动化。**就像那些和你讨论奇怪的组织概念的人一样，当人们开始用晦涩难懂的 IT 语言和故事来迷惑你，告诉你类似公司是如何顺利运行的时候，是时候逃之夭夭了！自动化当然可以帮你省下一大笔钱，但仅限于在你能理解且控制的事项上。我们知道有一家公司，自动化为可控活动节约了 20%~30% 的费用。而对于那些不了解的活动，在某些情况下成本反而增加了 7 倍。除非已经有了一套通用的 IT 系统，否则我们建议在应用 IT 解决方案之前先运行新流程。即使有了 IT 替代办法，也要在应用 IT 解决方案前首先确保这套流程尽可能有效运行。要非常详细地了解你所选择系统的覆盖范围，以及它不包括的内容（否则当你稍后发现需要额外添加一个基本的系统元素时，会花费更多）。了解你的 IT 系统的兼容情况：在一个 IT 创新时代，让一个与其他产品不兼容的僵化系统禁锢了你的流程，显然是一个坏主意。

用一种非常结构化的方法来确定整个组织需要节省的成本，并将所有事情都建立在事实的基础上，这有助于你在一个极易情绪化和令人沮丧的话题中找到方向。如果最终的决定是需要裁员，那么你应该让你的同事们以最严格、最公平的方式来进行，而不是做一桩快速达成目的的精明交易。尼尔·海沃德在讲述英国邮政部门如何在裁员 12% 的同时反而提升了员工满意度时，点出了三个因素："一是一个协调一致的削减计划，而不是零碎的方法；二是面对面的交流，和员工就变革达成一致；三是与工会建立良好的工作关系，即使他们不喜欢裁员，也能够理解。"

附录 B　并购驱动型重组

有一种风格非常独特的重组，是通过并购进行的。正如引言中指出的那样，并购驱动的重组会遇到特殊问题。只有 8% 的并购重组在计划时间内完全实现目标；41% 的并购重组耗时超预期（比例超过其他类型的重组）；在 10% 的案例中，并购重组实际上对组织造成了伤害。想要厘清其中缘由，找到明确的操作方法，或许得另外再写一本书。下面是我们基于五步法提出的一些有助于并购型重组实施的简要方法。

虽然这五个步骤仍然适用，但表现方式可能有很大不同。在并购事件中，好处在于，所有人都知道这是对公司影响最大的事，因此你能够获得所需的资源；不利的是，交易对手方的内部问题在整个过程中一直都很不透明，等发现时为时已晚。此外，鉴于竞争法，你必须对共享的信息非常小心。我们发现，制定数量明确（比如 7 条）、让人印象深刻的信息共享规则，有助于解决此类问题。例如，一位未来的新业务部门负责人，显然希望看到两家公司中即将合并的部门的损益情况。然而，根据所涉辖区的竞争法，这可能是违规行为。出于这个原因，在合并案中，我们在每个 PPT 的开始（第一张幻灯片）都会先过一遍竞争规则，以保证合规性。

在该附录中，我们会逐步阐述并购重组和普通重组的主要差异，当你进行以并购为重点的重组时，需要将这些差异铭记在心。

步骤一：构建重组损益表。对损益的关注是并购的前沿和中心。

重 组
麦肯锡变革方法论

每个人都关注合并后新实体的损益情况，并对协同效应及其理据感兴趣。在许多情况下，协同效应会节约成本，附录 A 中的建议也与之相关，挑战则是了解这些协同思想对组织的影响。

步骤二：了解当前的优势和劣势。对于你自己的公司，这一步显然与传统重组相同，但在交易结束之前了解对手公司（收购或合并）的优劣势却很难。不过，你可以通过尽职调查，或从对手公司前员工（包括目前在你公司任职的员工）那里获得信息，或通过互联网（对手公司官网或领英等网站）了解管理者的个人情况。这个步骤如何做，还取决于这是一项收购（默认情况下，被收购公司的主体将并入你的公司）还是真正的兼并，如果是后者，你可以从两家公司中寻找对组织和个人都有利的最佳方案。

步骤三：选择最佳方案。在交易结束之前，我们就可以对新公司的形象做出较为清晰的假设。并购中人们通常会关注组织结构（根据定义，你必须选择一种结构来整合两家公司，来自其中一家公司或两者兼而有之）；另外还会关注人——新公司所需的员工人数（因为一些协同效应显然来自员工效率），以及需要创建的共同文化；重要的是不要忘记流程——公司通常会以非常不同的方式来处理流程（无论是制定战略、发布产品或程序，还是日常运营），且流程的混淆也是整合后一个常见的问题。此外，如果这是系列并购中的第一个，那么你可能还需要重新考虑当前的组织设置，以促进新组织单元的连接或整合。

步骤四：正确执行方案。交易结束之前，可能会有一些规划甚至非常详细的设计，然而当交易完成时，你必须快速回顾前几步的假设：协同效应假设（第一步），了解被收购公司的优势和劣势（第二步）以及概念设计（第三步），确认它们是否合理，必要的话对其进行改进。然后，快速实施计划。在并购中，通常会有专门团队负责各个业务领域的重组实施，这些团队由专业人士而非人力资源部门负责，意味着重组所需的必要资源已经就位。在这一步中，与更大范围的员工以及担心自己职位的领导者之间的沟通比以往更加重要。

步骤五：启动新组织，复盘总结，保持航向。第七章步骤五的所有建议都尤其适用于并购。你需要根据最初的协同计划来衡量业务产出。对于合并后的公司将如何运作的更多假设，"5 000 英里检查"必不可少。由于要将两种文化整合在一起，并采用不同的方法处理流程，因此改变工作方式的需求日益凸显。如果你打算做更多并购，记录下本次的经验也至关重要。

附录 C　欧盟重组的法律背景

在过去的跨国重组中，我们在每个国家的员工协商问题上，都曾遇到过不同法律框架带来的挑战。这一问题在欧盟尤其突出。欧盟的法律框架与世界其他法律较宽松的地区（北美、亚洲、中东等）差别很大。这通常导致重组时间的延长，或者导致欧盟以外的业务部门被迫做出更大的改变（例如削减更多成本）。

其实事情不必至此：合理的计划可以防止后续的延误。遵循步骤四的制胜之道 3，你可以让 80% 的组织遵循较快的时间表，其余部分遵循较慢的时间表。通过一段时间的实际协商（也包括欧盟以外的业务部门），你会找到更快完成重组的方法。有趣的是，麦肯锡调查发现，欧洲员工比世界其他地区（印度除外）更有可能支持重组。很明显，只要拥有好的流程且实施得当，你就能实现你所需的有效的员工协商。

本附录会对适用于欧盟内部公司重组的协商法规加以概述。它并不是对法律的确切陈述，其主要原因在于欧盟成员国的法律是动态的，特别是欧盟法院（欧洲法院）施行判例法，而新的判例总在不断形成。任何计划在欧盟进行重组的公司都应就相关规定寻求专业法律建议，而且越早越好，在重组第一步制定时间表时就要着手进行。

重 组
麦肯锡变革方法论

总则

许多适用于欧盟重组的规定来自总体框架指令,但不能简单通过阅读欧盟指令来理解每个欧盟国家适用的规定。由于欧盟每个成员国对于如何实施特别指令都有相当大的自由裁量权,因此没有任何规定能够替代每个成员国适用的具体规则。

总体原则是,在大多数情况下,与全体员工协商(是指与员工代表协商,有时也需要和个别员工协商)。在欧盟的大部分地区,这意味着要与工会或工作委员会(无论是国家、地区还是公司级别的委员会)进行协商。例如,在英国(撰写本书时英国仍是欧盟一部分),有时候可能会设立一个劳工代表机构专门处理特定问题,如商业销售或大规模裁员问题。[14] 这就需要在协商开始之前,留出额外时间选举员工代表。欧洲复兴开发银行的汉娜告诉我们:"我们没有任何类似工会的组织,但我们有员工委员会。在公司出现变化时我们需要有人为员工说话,让一群人代表他们的同伴发声十分重要。"

确认与工会的集体协议是否适用于重组颇为重要。这种集体协议可以存在于公司、行业或国家层面,它可能会在最低法律义务之外给重组增加额外的义务。此外,在一些国家,重组企业还必须参与一项"社会计划"的协商,以尽量减少裁员人数及裁员影响。

在本附录中,我们主要关注的是当有大幅裁员发生时的协商规定,但在欧盟国家,根据既得权指令(指令 2001/23/EC),在其他各种情形下,包括出售企业或部分业务时,我们也会遇到信息披露或协商方面的规定和要求。此外,在有些情况下,公司有义务向有关公共权力机构(而不仅仅是全体员工)通报裁员方案。

在欧盟,想要使协商取得成效,就必须认真对待协商。欧盟法律通常要求尽早开始协商，目的是让员工代表能够影响重组的性质和效果，或至少减轻重组对失业雇员的影响。但是，在大多数欧盟国家的多数重组中，工会或工作委员会对你的提案没有否决权。

"集体裁员"协商

当一家公司考虑大幅裁员时，它必须就裁员问题与员工代表在"恰当的时间"进行"为了达成一致意见"的协商。该规定源自集体裁员指令（指令98/59/EC）。

每个欧盟成员国都必须将本指令的原则贯彻到其本国法律中。例如，在英国，截至2016年，该指令的原则被写入1992年《工会与劳资关系（合并）法》第188条。该法规定，一家公司如果提议在90天内解雇20名或以上员工，至少要进行30天的集体协商，如果提议解雇100名或以上员工，则至少需要45天的集体协商。

根据各国判例法，每个国家对裁员"预期"所需的确定性程度各不相同，在某些国家需要在重组过程的初期阶段就对此进行确认。原则上，在重组中的第一次沟通时就需要明确，在公司尚未着手重组或裁员之前，员工仍可以通过协商影响公司的决策。请记住，一旦因未及时进行协商而出现纠纷，你在早期阶段内部讨论时的电子邮件和文件，都可能需要在随后的法律诉讼中向法院披露。

协商通常从向员工代表提供信息开始，书面信息至少包括以下内容：

- 提议裁员的原因
- 裁员的数量和类别

重 组
麦肯锡变革方法论

- 在职员工的数量和类别
- 实施裁员的期限
- 提议的裁员标准
- 员工补偿的计算方法

对于如何进行协商并没有硬性规定，但是，公司应该考虑员工代表的意见，并对这些意见做出回应，即使最终没有达成一致。

集体协商必须遵循下列原则或方法：

- 避免裁员或减少受影响的员工数量。
- 通过再就业或再培训等社会措施减轻裁员后果。

实际上，实施协商意味着裁员的暂停，因为一旦协商开始（如有需要，则从相关公共部门收到重组提案后算起），解雇在一段时间内就无法生效（通常至少 30 天）。

对于涉及大裁员的公司是否需要就重组中的实际业务决策进行协商，也有相关的判例法。传统观点认为无须就重组的业务原因进行协商。但是，当重组涉及关闭一个业务部门或业务地点时，如果不首先考虑重组的理由，我们就很难进行有意义的协商。在英国就有判例法规定，这种情况下，公司可能需要对重组的业务原因进行协商。

欧盟成员国的差异

裁员磋商的具体时间并非由指令规定，而是因成员国而异。例如，在法国，对于雇员超过 50 人的公司，工作委员会至少要举行两次会议，会议之间至少间隔 15 天，随后必须在 2~4 个月内发表意见，具体期限取决于提议裁员的数量。如果工作委员会未能在截止日期前发表意见，则将被视为已经经过适当的协商。必要时，工作委员会可以聘请外部专家，由雇主承担费用，就涉及 10 名或以上员工的裁员向委员会提出建议。

在德国，如果要进行大规模裁员，公司在发出解雇信前，必须以书面形式通知职业介绍机构。该机构是国家机关，在各地拥有分支机构。对大规模裁员的标准规定如下：

- 20~60 名员工中解雇 5 名及以上员工；
- 60~500 名员工中解雇 10% 或超过 25 名员工；
- 500 人及以上的员工中解雇至少 30 名员工。

在通知之后、等待期失效之前（通常至少一个月），员工仍处于被雇佣状态。如果企业员工已选举出一个工作委员会，且裁员已成为更广泛业务重组的一部分，则公司必须在发出服务终止通知书之前与工作委员会进行谈判，以达到利益均衡。

这些例子只是为了让你感受少数几个欧盟国家的不同要求。每个国家是不同的，并不存在适合所有情况的协商。

结论

如果把重组作为业务问题来处理，那么集体协商也应被看作需要解决的业务问题。当然，它们也在很大程度上会成为解决方案的一部分。一次精心策划和合理运行的协商流程，可以使公司以一种相对有效和结构化的方式同员工交流，更有甚者，它可以让公司和员工达成共识（尽管个人买不买账是另一回事）。最起码，与工会协商一个月这个规定，可以让领导者在早期阶段（大概在本书所介绍的流程的步骤一和步骤三之间）就关注到重组计划给员工带来了哪些切实后果。欧洲的人力资源部门应当在规划阶段尽早介入，以防出现令人不快的意外。

根据我们的经验，一个计划不周的重组经常会在后期进入一种恐慌状态。当欧洲人力资源专家或律师告知首席执行官，其重组时间表不符合欧盟有关国家的协商要求时，这种恐慌就会发生。对于全球性组织而言，这种时间进度的差异，往往会使劳动力市场更自由的国家的员工承担不成比例的计划外裁员负担。这可能导致重组还没有真正开始，好处就被削弱了。

最坏的情况是，如果没有恰当考虑和尊重欧盟的协商规定，重组可能会遭到彻底破坏（特别是在时间紧迫的情况下），并可能使公司陷入诉讼的泥潭，被迫向员工支付损害赔偿，公司声誉也最终因此受损。然而，如果有远见、计划和适当的专业建议，这些问题并非不可逾越的障碍。事实是，欧盟一直都在发生重组，你需要的只是一套计划。

附录 D　重组管理的模板和检查清单

表 1　重组时间表

内容：	步骤一：构建重组损益表	步骤二：评估当前的优势和劣势	步骤三：选择最佳方案	步骤四：正确执行方案	步骤五：启动新组织，复盘总结，保持航向

沟通	通知			参与和激励
	寻求建议			

· 时间

表 2　重组损益表

步骤一：构建重组损益表	步骤二：评估当前的优势和劣势	步骤三：选择最佳方案	步骤四：正确执行方案	步骤五：启动新组织，复盘总结，保持航向
净收益				
净成本				

时间（周）

重 组
麦肯锡变革方法论

表3 重组项目章程

目标	
收益	决策制定人
损失	利益相关者
风险	信息来源
范围和时间轴	

表4 步骤四所涉组织元素的检查清单

人员	流程	结构
·新领导 ·员工数量 ·每个单位的"质量平衡" ·协商程序 ·提名程序 ·招聘 ·培训	·损益表报告 ·IT系统变化 　人力资源 　财务 　顾客/销售 ·管理流程 　商业计划 　绩效管理 　人力资源 　…… ·运营流程 　资本/研发 　销售/市场 　操作 　……	汇报流程 职位/职系 职级 角色简介/工作定义

表5　步骤四的工作计划

人员	·新领导 ·员工数量 ·质量平衡 ·协商程序 ·提名程序 ·招聘 ·培训	
流程	·损益表报告 ·IT 系统 ·管理流程 ·运营流程	
结构	·汇报线 ·职称 ·职级 ·角色档案	

时间（周）

表6　步骤五中的"5 000 英里检查"清单

组织变革落地	员工对新角色的理解	实现成果
·领导人任命 ·工作人员任命 ·损益表的有效划分 ·流程的设置和运行 ·组织结构的就位	**调查呈现** ·员工理解了目标 ·正在采用新工作方法的例子 ·清晰的改进思路 ·对重组的反馈	**产出** ·收入增加 ·成本削减 **投入（与重组相关的）** ·销售量增加 ·周转速度更快 ·新合同到位 ·其他

注　释

1 Giancarlo Ghislanzoni, Stephen Heidari-Robinson, and Martin Jermiin, "Taking Organizational Design from Plan to Practice: McKinsey Global Survey Results," *McKinsey Quarterly*, 2010; Aaron De Smet and Deirdre McGinty, "The Secrets of Successful Organizational Redesigns: McKinsey Global Survey Results," *McKinsey Quarterly*, 2014.

2 Giancarlo Ghislanzoni, Stephen Heidari-Robinson, and Martin Jermiin, "Taking Organizational Design from Plan to Practice: McKinsey Global Survey Results," *McKinsey Quarterly*, 2010; Aaron De Smet and Deirdre McGinty, "The Secrets of Successful Organizational Redesigns: McKinsey Global Survey Results," *McKinsey Quarterly*, 2014.

3 Other examples of reasons for reorgs are managing risk better, responding to a crisis, responding to regulatory pressure, or preparing for a divestment.

4 For further information on the challenge of managing complexity, see Julian Birkinshaw and Suzanne Heywood, "Putting Organizational Complexity in Its Place," *McKinsey Quarterly*, May 2010; Julian Birkinshaw and Suzanne Heywood, "Too Big to Manage," *Wall Street*

Journal, October 26, 2009.

5 Steven Aronowitz, Aaron De Smet, and Deirdre McGinty, "Getting Organizational Redesign Right," *McKinsey Quarterly*, June 2015.

6 Sarah Burgard, Lucy Kalousova, and Kristin Seefeldt, "Perceived Job Insecurity and Health: The Michigan Recession and Recovery Study," report 12-750, Population Studies Center Research Reports, University of Michigan, Ann Arbor, Michigan, January 2012. This report focuses on 519 employed workers in South Michigan during the Great Recession.

7 Giancarlo Ghislanzoni, Stephen Heidari-Robinson, Suzanne Heywood, and Martin Jermiin, "How Do I Reorganize to Capture Maximum Value Quickly?" *McKinsey Insights into Organization*, 2011.

8 We have a very clear view on the typical use of dotted-lines (dotted-line reporting): it generally represents a failure to define an interface properly or is the consolation prize for the loser in a contest to control staff, or is both. While multiple reporting lines are sometimes necessary, they should not be overused (as they add complexity), and when they are used, you must define both relationships.

You should, for example, define everyone's roles in relation to performance management and day-to-day supervision and allocation of work. The critical thing is not just to draw a dotted line on a page and hope that people will figure out how to make it work when real-life business pressures come into play!

9 Giancarlo Ghislanzoni, Stephen Heidari-Robinson, and Martin Jermiin, "Taking Organizational Design from Plan to Practice," *McKinsey*

注 释

Quarterly, 2010.

10 Sarah Burgard, Jennie Brand, and James House, "Perceived Job Insecurity and Health: The Michigan Recession and Recovery Study," report 06-658, Population Studies Center Research Reports, University of Michigan, Ann Arbor, Michigan, July 2008, p.19.

11 For example, RACI—standing for Responsible, Accountable, Consulted, and Informed.

12 See William Bridges and Susan Bridges, *Managing Transitions*, 3rd ed. (New York: Da Capo Press, 2009), is a very good book about communications in times of change.

13 See also Suzanne Heywood, Dennis Layton, and Risto Penttinen, "A Better Way to Cut Costs," *McKinsey Quarterly*, October 2009, which included the cases described in this appendix.

14 Despite "Brexit" (British exit from the EU), it is unlikely that the principles of British employment law will change significantly (given the importance of case law in the British system), even if some details are changed and recourse to the EU is ended.

致　谢

我们写作此书的主旨，在于对我们过去经验的总结。在过去的 15 年中，我们主导了不同行业的 25 次以上大型重组，从中获益良多。我们希望能够写一本简单易懂的书，也就是当初我们踏入这个行业时会乐于阅读的那种。当然，一旦开始写作，我们就发现这并不如当初想的那么简单。正是因此，我们要对过去一年给予我们支持与宽容的众多人士表示感谢，特别是要感谢如下几位：

乐于接受我们采访，并愿意分享经验教训的众高管：约翰·布朗勋爵，伊恩·康恩，约翰·费拉罗，劳伦斯·戈斯登，尼尔·海沃德，南希·麦金斯特里，汉娜·米德丽-罗伯茨，埃隆·马斯克，罗布·罗森伯格和阿拉斯泰尔·斯威夫特。

为我们带来精彩漫画的马库斯·施魏策尔。

让写作计划有条不紊推进的詹姆斯·格林。

附录中欧盟重组相关法律内容的贡献者戴维·波丁顿。

我们的编辑梅林达·梅里诺，她带领我们体验了一次海外的出版流程，并对本书的结构提出了诸多建议。

麦肯锡组织实践的负责人麦克尔·雷尼，感谢他的支持与指导。

感谢阿恩·加斯特、汤姆·韦斯顿和罗斯·比彻姆对本书初稿的细致反馈。

重 组
麦肯锡变革方法论

　　麦肯锡组织实践的诸位负责人，包括扎弗尔·阿奇，加桑阿尔·齐贝西，亚伦·德·斯梅特，马丁·杜赫斯特，丹尼斯·莱顿，玛丽·米尼，里斯托·彭第南，比尔·尚宁各，沃伦·斯特里克兰。他们是我们多年来的良师益友。

　　麦肯锡重组团队的朋友们，特别是马克·多米尼克，巴里·埃德蒙斯通-韦斯特，克里斯托弗·汉斯库姆，格瑞格·约斯特和罗尼·卡茨。我们从他们身上学到的很多东西，都凝结于本书之中。

　　我们的家人，尤其是给予我们最多支持的另一半，内金和杰里米。